Volkswirtschaftslehre im Überblick

Band II
Schäfer, Volkswirtschaftstheorie

D1726106

Volkswirtschaftslehre im Überblick

Herausgegeben von Prof. Dr. Helga Luckenbach

Band I:	Grundlagen der Volkswirtschaftslehre Von Prof. Dr. Helga Luckenbach
Band II:	Volkswirtschaftstheorie Von Prof. Dr. Wolf Schäfer
Band III:	Volkswirtschaftspolitik Von Prof. Dr. Hans-Georg Petersen
Band IV:	Internationale Wirtschaftsbeziehungen Von Prof. Dr. Helga Luckenbach

Die vierbändige Buchreihe „Volkswirtschaftslehre im Überblick" wendet sich an interessierte Nichtökonomen, an Wirtschaftspraktiker und last not least an Studienanfänger der Wirtschaftswissenschaften. Die Autoren haben das Ziel, dem Leser bereits beim ersten Kontakt mit der Volkswirtschaftslehre eine Vorstellung von den volks- und weltwirtschaftlichen Gesamtzusammenhängen zu vermitteln, die es ihm ermöglicht, aktuelle Informationen, Probleme und Lösungsansätze zutreffend einzuordnen.

Ausgangspunkte dieser Reihe waren Vorträge und Lehrveranstaltungen, die 1990 für Hörer der Universitäten Halle, Jena und Rostock sowie der damaligen Handelshochschule Leipzig gehalten worden sind. Nach Überarbeitung und z. T. erheblicher Erweiterung des seinerzeit Dargebotenen sind vier eng aufeinander bezogene Bände entstanden, in denen schrittweise versucht wird, einen Überblick über die Volkswirtschaftslehre zu vermitteln. Zu diesem Zweck werden in Band I die Grundlagen der Volkswirtschaftlehre dargestellt. Darauf aufbauend ist Band II der Volkswirtschaftstheorie und Band III der Volkswirtschaftspolitik gewidmet. Im abschließenden Band IV werden die grundlegenden wirtschaftstheoretischen und -politischen Aspekte internationaler Wirtschaftsbeziehungen behandelt.

Die Lektüre dieser Bände ersetzt nicht die Auseinandersetzung mit den einschlägigen volkswirtschaftlichen Lehrbüchern. Sie soll jedoch das Vertrautwerden mit wirtschaftswissenschaftlichen Argumentationen erleichtern und zum Studium weiterführender Fachliteratur ermuntern. Deshalb enthält jeder Band ausführliche, kommentierte Literaturhinweise.

Volkswirtschaftslehre im Überblick

Band II
Volkswirtschaftstheorie

von

Dr. Wolf Schäfer

Professor für Volkswirtschaftslehre
an der Universität der Bundeswehr Hamburg

Verlag Franz Vahlen München

Die Deutsche Bibliothek – CIP-Einheitsaufnahme

Volkswirtschaftslehre im Überblick / hrsg. von Helga
Luckenbach. – München : Vahlen.
NE: Luckenbach, Helga [Hrsg.]
Bd. 2. Schäfer, Wolf: Volkswirtschaftstheorie. – 1997
Schäfer, Wolf:
Volkswirtschaftstheorie / von Wolf Schäfer. – München :
Vahlen, 1997
(Volkswirtschaftslehre im Überblick ; Bd. 2)
ISBN 3 8006 1848 6

ISBN 3 8006 1848 6

© 1997 Verlag Franz Vahlen GmbH, München
Umschlaggestaltung: Bruno Schachtner, Dachau
Satz: DTP-Vorlagen des Autors
Druck und Bindung: C. H. Beck'sche Buchdruckerei, Nördlingen
Gedruckt auf säurefreiem, alterungsbeständigem Papier
(hergestellt aus chlorfrei gebleichtem Zellstoff)

Vorwort

Die Konzeption dieses Buches basiert auf der bereits in Band I dieser Reihe vorgestellten Zielsetzung, dem Leser einen Überblick über die Volkswirtschaftslehre zu geben. Dies für die „Volkswirtschaftstheorie" zu tun bedeutet, Denkkategorien vorzustellen, innerhalb derer die Ökonomen ihre Theorien zur Beschreibung und Erklärung wirtschaftlicher Phänomene formulieren bzw. formuliert haben. Die Vielzahl vorhandener und möglicher Theorieansätze zwingt zur Selektion. Was ist in einem einführenden Theorie-Lehrbuch zum Verständnis des Lesers wichtig, und was soll nicht behandelt werden? Diese Frage ist nur subjektiv zu beantworten und steht zudem unter der Restriktion begrenzter Seitenzahl. In diesem Buch wird ein Überblick über die Grundelemente mikro- und makroökonomischer Theorien gegeben. Da Band IV dieser Reihe sich speziell den Internationalen Wirtschaftsbeziehungen widmet, treten außenwirtschaftliche Aspekte in den Hintergrund. Die mathematischen Anforderungen an den Leser sind minimal. Das Buch hebt weniger auf formale Analysetechniken ab als vielmehr auf das Verstehen von Grundstrukturen theoretischer Modelle und ihrer Unterschiede. Das Literaturverzeichnis soll helfen, sich die über dieses Buch hinaus notwendigen Kenntnisse der ökonomischen Theorie(n) zu verschaffen. Die vorherige Lektüre von Band I dieser Reihe ist hilfreich.

Herauszustellen habe ich meine Mitarbeiterinnen und Mitarbeiter, an erster Stelle Herrn Dipl.-Ökonom *Andreas Henning*, der umsichtig und gewissenhaft die Regie über die Verarbeitung von Text und Graphiken übernahm. Frau Dr. *Gudrun Peschutter* hat durch kritisches Lesen hilfreiche Anregungen gegeben. Frau Dipl.-Ökonomin *Iris Henning* fertigte das Sach- und Personenregister an, und schließlich wäre ohne Frau *Christa Wisniewski* aus dem handschriftlichen Manuskript keine leserliche Textvorlage entstanden. Ihnen allen danke ich sehr.

Hamburg, August 1996   *Wolf Schäfer*

Inhaltsverzeichnis

Vorwort V

Verzeichnis der Abbildungen IX

Verzeichnis der Tabellen XI

I. Einführung 1

II. Wirtschaftstheoretische Grundbegriffe 5

III. Mikroökonomische Theorie 13

1. Theorie des Haushalts 13
   1.1 Der optimale Konsumplan 13
   1.2 Die Konsumnachfrage des Haushalts 16
   1.3 Zum Begriff des Nutzens 22
   1.4 Die Gossenschen Gesetze 24
   1.5 Das Arbeitsangebot des Haushalts 27
   1.6 Die duale Entscheidungshypothese 30
2. Theorie der Unternehmung 31
   2.1 Aktivitätsanalyse 33
   2.2 Neoklassische Produktionstheorie 37
   2.3 Wahl des Produktionsprozesses 42
   2.4 Kostenfunktionen 43
   2.5 Der optimale Produktionsplan 49
   2.6 Faktornachfragefunktionen 51
3. Markt- und Preistheorie 54
   3.1 Der Markt 54
   3.2 Vollkommener Wettbewerb 56
   3.3 Unvollkommener Wettbewerb 60
       3.3.1 Monopol 60
       3.3.2 Monopolistische Konkurrenz 64
       3.3.3 Oligopol 65

IV. Makroökonomische Theorie 69

1. Das Aggregationsproblem 69

2.   Klassisch-neoklassische Theorie 70
      2.1 Arbeitsmarkt 70
      2.2 Gütermarkt 74
      2.3 Geldmarkt 80
      2.4 Markt für Schuldverschreibungen (Kapitalmarkt) 86
3.   Das klassisch-neoklassische Gesamtmodell 87
4.   Keynesianische Theorie 89
      4.1 Arbeitsmarkt 90
      4.2 Gütermarkt 91
      4.3 Geldmarkt 98
      4.4 Markt für Schuldverschreibungen (Kapitalmarkt) 100
      4.5 Zinssatz und Volkseinkommen: Die IS- und
           LM-Funktion 101
5.   Das keynesianische Gesamtmodell 106
6.   Klassik-Neoklassik und Keynes - ein Vergleich 109
7.   Weiterentwicklung der klassisch-neoklassischen
      Theorie 112
      7.1 Erwartungen in der ökonomischen Theorie 112
      7.2 Neue Klassische Theorie 113
      7.3 Die Phillips-Kurve 115
8.   Neuinterpretation und Weiterentwicklung der
      keynesianischen Theorie 119
      8.1 Die „Neue" Makroökonomik 119
      8.2 Postkeynesianismus 122
9.   Die Theorie der Real Business Cycles 123
10.   Der Monetarismus 124
11.   Angebotsorientierte Theorie 128
12.   Theorie wirtschaftlichen Wachstums 129
      12.1 Keynesianische Wachstumsanalyse 131
      12.2 Neoklassische Wachstumstheorie 134
      12.3 Theorie endogenen Wachstums 137
13.   Außenwirtschaftstheorie 138
      13.1 „Öffnung" der makroökonomischen Modelle... 138
      13.2 Monetäre Theorie 139
      13.3 Reale Theorie 152

Literaturverzeichnis 155
Personen- und Sachregister 167

Verzeichnis der Abbildungen

Abb. 1 - Statik, komparative Statik und Dynamik einer Preisanalyse 9
Abb. 2 - Indifferenzkurven eines privaten Haushalts 14
Abb. 3 - Die Budgetmenge des Haushalts 15
Abb. 4 - Der optimale Konsumplan 16
Abb. 5 - Die Nachfrage in Abhängigkeit vom Güterpreis 17
Abb. 6 - Nachfrage in Abhängigkeit vom Einkommen 18
Abb. 7 - Elastizitäten-Wertebereiche 21
Abb. 8 - Nutzen- und Grenznutzenfunktion eines Haushalts 25
Abb. 9 - Grenzrate der Substitution 25
Abb. 10 - Optimale Freizeit-Arbeitszeit-Einkommen-Pläne 27
Abb. 11 - Arbeitsangebotsfunktion eines Haushalts 29
Abb. 12 - Beschränkung des Arbeitsangebots 30
Abb. 13 - Produktion mit zwei Prozessen 34
Abb. 14 - Basisaktivitäten und Linearkombinationen 35
Abb. 15 - Effiziente und ineffiziente Linearkombinationen 36
Abb. 16 - Isoquante in der neoklassischen Produktionstheorie 37
Abb. 17 - Ertragskurven bei alternativen Skalenerträgen 39
Abb. 18 - Isoquantenverläufe bei alternativen Skalenerträgen 40
Abb. 19 - Ertragsverlauf bei partieller Faktorvariation 42
Abb. 20 - Wahl des Produktionsprozesses bei Kostenrestriktion 43
Abb. 21 - Optimaler Faktoreinsatz 45
Abb. 22 - Minimalkostenlinie 46
Abb. 23 - Kostenfunktionen 47
Abb. 24 - Kostenfunktion bei bereichsweise unterschiedlichen Skalen-
erträgen 47
Abb. 25 - Spezielle Kostenverläufe 48
Abb. 26 - Preise und Produktionsmengen bei Mengenanpasserverhalten ... 51
Abb. 27 - Arbeitsnachfragefunktion einer Unternehmung 53
Abb. 28 - Gleichgewicht und Ungleichgewicht bei vollkommenem
Wettbewerb 56
Abb. 29 - Verschiedene Marktgleichgewichte 58
Abb. 30 - Höchst- und Mindestpreis 59
Abb. 31 - Gewinnmaximale Preis-Mengen-Kombination eines
Monopolisten 61
Abb. 32 - Konsumenten- und Produzentenrente 63
Abb. 33 - Preis-Absatz-Funktion bei monopolistischer Konkurrenz 65

Abb. 34 - Cournot-Nash-Gleichgewicht im Duopol 66
Abb. 35 - Gesamtwirtschaftliches Arbeitsangebot 71
Abb. 36 - Gesamtwirtschaftliche Arbeitsnachfrage 72
Abb. 37 - Gleichgewicht und Ungleichgewicht auf dem Arbeitsmarkt 74
Abb. 38 - Klassisch-neoklassische Spar- und Konsumfunktion
      (bei gegebenem Einkommen) 77
Abb. 39 - Klassisch-neoklassische Investitionsfunktion 78
Abb. 40 - Gleichgewicht auf dem Gütermarkt 79
Abb. 41 - Geldangebotsfunktion 83
Abb. 42 - Cambridge-Geldnachfragefunktion 84
Abb. 43 - Gleichgewicht auf dem Geldmarkt 85
Abb. 44 - Gleichgewicht auf dem Bondsmarkt 87
Abb. 45 - Das klassisch-neoklassische Gesamtmodell 88
Abb. 46 - Konsum- und Sparfunktion (absolute Einkommenshypothese).. 92
Abb. 47 - Volkseinkommen und Investitionen im Zeitverlauf
      (Akzelerationsprinzip) 94
Abb. 48 - Einkommenstheoretisches Gleichgewicht 95
Abb. 49 - Kontraktiver Multiplikatorprozeß 96
Abb. 50 - Keynesianische Liquiditätspräferenzfunktion 99
Abb. 51 - Gleichgewicht auf dem Geldmarkt 100
Abb. 52 - Gleichgewicht auf dem Bondsmarkt 101
Abb. 53 - Herleitung der IS-Funktion 102
Abb. 54 - Herleitung der LM-Funktion 103
Abb. 55 - IS-LM-Diagramm 105
Abb. 56 - Das keynesianische Gesamtmodell 107
Abb. 57 - Aggregierte Güternachfrage- und -angebotsfunktionen
      (AD und AS) 109
Abb. 58 - Klassik-Neoklassik und Keynes im Vergleich 111
Abb. 59 - Phillips-Kurve 115
Abb. 60 - Kurz- und langfristige Phillips-Kurve 117
Abb. 61 - Produktionspotential und Nachfrage im Zeitverlauf 131
Abb. 62 - Der Devisenmarkt 142
Abb. 63 - ISXM-Funktion in Abhängigkeit vom Auslandseinkommen
      und Wechselkurs 147
Abb. 64 - LM-Funktion in Abhängigkeit von den Währungsreserven 148
Abb. 65 - Z-Funktion in Abhängigkeit vom Wechselkurs 149
Abb. 66 - ISXM-, LM- und Z-Funktion 150
Abb. 67 - Alternative Konstellationen im ISXM-LM-Z-System 151

Verzeichnis der Tabellen

Tabelle 1 - Nachfrageelastizitäten und Güterklassifikation......... 21

Tabelle 2 - Marktformen.. 54

Tabelle 3 - Alternative Marktkonstellationen............................. 120

I. Einführung

In Deutschland wird die Volkswirtschaftslehre traditionell in die Teilbereiche Volkswirtschaftstheorie, Volkswirtschaftspolitik und Finanzwissenschaft untergliedert. Zuweilen wird als viertes Teilgebiet die Geschichte der Volkswirtschaftslehre hinzugefügt.[1] Wie in Band I dieser Reihe (Luckenbach (1994), S. 1) angekündigt, wird in diesem Band II die Volkswirtschaftstheorie behandelt, wobei dies im wesentlichen für eine Ökonomie geschieht, die keine Beziehungen zum Ausland unterhält. Der Grund liegt darin, daß der Band IV dieser Reihe sich explizit den Internationalen Wirtschaftsbeziehungen widmet. Allerdings wird auch im vorliegenden Band die Theorie der Außenwirtschaft nicht gänzlich vernachlässigt.

Wozu betreibt man (Volks-)Wirtschaftstheorie? Diese Frage läßt sich durch die Skizzierung ihrer zentralen Aufgaben beantworten: Wirtschaftstheorie soll

– beschreiben, wie die Wirtschaftsentwicklungen in einer Volkswirtschaft oder einer Gruppe von Volkswirtschaften verlaufen,

– erklären, welche Ursachen beobachtete Entwicklungen haben,

– prognostizieren, welche Entwicklungen sich unter bestimmten Bedingungen vollziehen werden,

– beraten in der Frage, mit welchen Maßnahmen bestimmte wirtschaftspolitischen Ziele erreicht werden können.

Beschreibung, Erklärung, Prognose und Beratung sind mithin die Kernaufgaben wirtschaftstheoretischer Analyse. Diese kann sich auf Fragestellungen verschiedener Problembereiche beziehen, wie z.b. Arbeitslosigkeit: Wie haben sich die Arbeitslosenzahlen entwickelt?

---

[1] Diese Einteilung findet man in anderen Ländern prinzipiell nicht. So spricht man z.b. im anglo-amerikanischen Sprachraum von „Economics", was alle Teilbereiche umfaßt.

Was sind die Gründe für zunehmende Arbeitslosigkeit? Wie wird sich die Beschäftigung zukünftig entwickeln? Was kann getan werden, um die Arbeitslosigkeit zu beseitigen? Analoge Fragen sind für Problembereiche wie z.b. Inflation, Wachstum, Konjunktur zu stellen.

Im Zentrum der Analysemethoden, derer sich die Wirtschaftstheorie bedient, stehen volkswirtschaftliche Modelle. Diese Modelle stellen gedankliche Konstruktionen vereinfachter Abbilder der Wirklichkeit dar. Sie sind mithin abstrakt. Der Abstraktionsgrad, d.h. der Grad dessen, was sich von der Realität im Modell widerspiegelt, läßt sich dabei variieren. Nach der Methode des abnehmenden Abstraktionsgrades kann man die Konstruktion der Modelle sukzessive der ökonomischen Realität, die sie abbilden sollen, annähern. Dadurch werden sie zwar wirklichkeitsnäher, aber auch komplizierter und im allgemeinen weniger verständlich. Die Kunst des Theoretikers besteht deshalb darin, den Abstraktionsgrad der Modelle so zu wählen, daß sie das für die Fragestellung Wesentliche beinhalten, ohne Unwesentliches mit einzuschließen. Dies wird durch Anwendung der sog. Ceteris paribus-Methode versucht, die beinhaltet, daß angesichts der komplexen Realität nur die entscheidenden Einflußfaktoren für die zu erklärenden Größen modelltheoretisch herangezogen und alle anderen Bestimmungsgrößen als Konstante behandelt werden. Dabei ist auf die Schwierigkeit hinzuweisen, Wesentliches vom Unwesentlichen unterscheiden zu können. Hier hilft zunächst ein subjektives Vorverständnis des Theoretikers über die wirtschaftlichen Zusammenhänge, die er untersuchen will. Im Laufe der Analyse wird er dann feststellen müssen, ob und inwiefern seine theoretischen Vorstellungen der Wirklichkeit nicht widersprechen.

Dies bringt uns zu der Unterscheidung zwischen theoretischen und ökonometrischen Modellen. Theoretische Modelle sind Gedankenexperimente, bei denen an eine systematische empirische Überprüfung der Modellaussagen nicht gedacht ist. Sie sollen vor allem das theoretische Verständnis für ökonomische Zusammenhänge fördern. Ökonometrische Modelle dagegen erheben den Anspruch, die Wirklichkeit auch quantitativ zu erfassen, und insofern müssen sie getestet werden, ob sie im Widerspruch zur Realität stehen (Test auf Falsifikation als Methode des sog. Kritischen Rationalismus). Ist dies der Fall, so verwerfen wir die Theorie, weil sie falsifiziert, also falsch ist. Bei Nichtfalsifikation verwenden wir sie als an der Erfahrung vorläufig noch nicht gescheiterte Theorie. Im Zentrum dieses Buches stehen theoretische Modelle.

II. Wirtschaftstheoretische Grundbegriffe

Es ist sinnvoll, einige Grundbegriffe im vorhinein zu erläutern, die zum Verständnis modelltheoretischer Analyse in der Volkswirtschaftslehre von Bedeutung sind.

Rationales Handeln, ökonomisches Prinzip, Opportunitätskosten

Die Bedürfnisse der Menschen haben bisher stets die zu ihrer Befriedigung vorhandenen Möglichkeiten überstiegen, und es ist nicht wahrscheinlich, daß sich daran etwas ändert. Deshalb existiert Knappheit als Grundtatbestand allen wirtschaftlichen Handelns. Sind Güter knapp, so entsteht das Problem, welchen alternativen Verwendungen sie zugeführt werden sollen. Es handelt sich hier um das Problem der optimalen Güterallokation. Unterstellt man bei der Lösung dieses Problems, daß die Wirtschaftseinheiten rational handeln - wie es in den in diesem Buch behandelten Modellen geschieht -, dann bedeutet dies, daß sie versuchen, bei gegebenem Einsatz an Mitteln das bestmögliche Ergebnis oder ein angestrebtes Ergebnis mit geringstmöglichem Einsatz an Mitteln zu erreichen. Sie handeln dann gemäß dem sog. ökonomischen Prinzip.

Der Tatbestand der Knappheit impliziert, daß jede Entscheidung über die Allokation eines Gutes in einer bestimmten Verwendungsart notwendigerweise zugleich den Verzicht auf andere alternative Verwendungen enthält. Bezieht man diesen Verzicht auf die - gemäß dem ökonomischen Prinzip - nächstbeste Verwendungsalternative, so spricht man von Alternativ- bzw. Opportunitätskosten. Alle wirtschaftlichen Entscheidungen in einer Welt der Knappheit verursachen mithin Opportunitätskosten, was nichts anderes besagt, als daß alles „seinen Preis" hat. In diesem Sinne repräsentieren Güterpreise stets Opportunitätskosten und sind damit - wenn Märkte richtig funktionieren - die Indikatoren für relative Knappheiten.

Wenn das Handeln der Wirtschaftseinheiten auf die Zukunft gerichtet ist, basiert es auf bestimmten unsicheren Erwartungen hinsichtlich der zukünftigen Entwicklung der Dinge, auf die sich die Entscheidungen beziehen. Um den Grad der Unsicherheit zu reduzieren, müssen sich die Wirtschaftssubjekte Informationen über das für ihre Entscheidungen relevante Umfeld beschaffen, die allerdings nicht kostenlos zu haben sind. Deshalb ist es wiederum rational und entspricht dem ökonomischen Prinzip, die Informationsbeschaffung nur so weit zu betreiben, daß die zusätzlichen Informationsbeschaffungskosten nicht höher sind als der zusätzliche Vorteil, der aus der Erhöhung des Informationsstandes resultiert.

Ob man davon ausgehen kann, daß alle Wirtschaftssubjekte rational im oben definierten Sinne der wohlüberlegten Optimierung handeln, ist in der Wirtschaftstheorie umstritten. Geht man davon aus, daß Menschen nicht immer bewußt planen, sondern oft spontan oder gewohnheitsmäßig handeln, daß sie manchmal gar nicht optimale Ergebnisse anstreben, sondern bei bestimmten Anspruchsniveaus schon zufrieden sind, dann unterstellt man ein Handeln auf der Basis begrenzter Rationalität. In der ökonomischen Welt dieses Buches ist die Rationalität der Wirtschaftssubjekte dagegen grundsätzlich nicht begrenzt.

Gleichgewicht

Einer der zentralen Begriffe in der Wirtschaftstheorie ist der des wirtschaftlichen Gleichgewichts. Er zieht sich wie ein roter Faden durch fast alle Ansätze ökonomischer Theorien. Gleichgewicht beschreibt in der Mechanik einen Zustand, in dem sich alle auf einen Körper einwirkenden unterschiedlichen Kräfte in ihren Wirkungen derartig kompensieren, daß der Körper in einer Ruhelage verbleibt. Die Wirtschaftstheorie verwendet den Gleichgewichtsbegriff analog: Wirtschaftliches Gleichgewicht liegt vor, wenn sich - modelltheoretisch gesprochen - die endogenen Variablen eines Modells derartig an eine gegebene Konstellation der exogenen Variablen angepaßt haben, daß sie sich nicht mehr verändern.

Als endogen bezeichnen wir wirtschaftliche Größen, die innerhalb des Modells bzw. durch das Modell bestimmt werden. Sie sind die zu erklärenden Größen. Die exogenen Variablen (Daten) werden selbst nicht durch die endogenen Größen bestimmt, sie sind „von außen" vorgegeben und bestimmen die endogenen Variablen mit. Zwischen den endogenen und exogenen Größen eines Modells bestehen mithin einseitige (unilaterale) Beziehungen:

$$a \longrightarrow b \longrightarrow c$$

(a = exogene Variable, b und c = endogene Variable)

Wenn sich nun im Gleichgewicht die endogenen Variablen nicht mehr verändern, dann handelt es sich um einen Zustand mit Beharrungsvermögen, und das entsprechende Gleichgewicht wird als stationär bezeichnet[1].

Der Begriff des Gleichgewichts führt uns unmittelbar zu dem des Ungleichgewichts als einem Zustand, aus dem heraus die endogenen Variablen - bei gegebenen exogenen Variablen - sich verändern. Das System befindet sich in Bewegung, Anpassungsprozesse finden statt.

Die Frage ist, ob es in der Realität eher Gleichgewichte oder Ungleichgewichte gibt, ob sich Volkswirtschaften oder einzelne Märkte also eher in Ruhelagen oder in Bewegung befinden. Die Antwort ist aus der empirischen Beobachtung heraus leicht zu geben: So gut wie nichts bleibt in der wirklichen Welt konstant. Preise, Löhne, Zinsen, Beschäftigung, Produktion, Investitionen usw. verändern sich ständig. Daraus schließen wir, daß das Ungleichgewicht vermutlich die empirisch gehaltvollere Beschreibung realer Volkswirtschaften darstellt. Aber das Gleichgewicht ist als Referenzpunkt wichtig für die Frage, wohin sich ein ökonomisches System bzw. dessen endogene Variablen aus Ungleichgewichtszuständen heraus anpassen, ob z.B. zu einem alten oder neuen oder zu gar keinem Gleichgewicht.

---

[1] Ein nicht-stationäres Gleichgewicht läßt sich in Verbindung mit der Wachstumstheorie (vgl. Kap. IV.12.) definieren: Ein Wachstumsgleichgewicht liegt vor, wenn sich die Gleichgewichtswerte der endogenen Variablen im Zeitablauf mit konstanter Rate verändern.

Existenz, Eindeutigkeit, Stabilität des Gleichgewichts

In der Wirtschaftstheorie wird untersucht, ob und unter welchen Bedingungen ein Gleichgewicht überhaupt existiert (Existenzproblem), wieviel Gleichgewichte es gibt (Eindeutigkeitsproblem) und ob ein Gleichgewicht stabil ist oder nicht (Stabilitätsproblem). Das Existenzproblem eines Gleichgewichts wird in der Wirtschaftstheorie im logischen, nicht im realen Sinne verstanden. Existiert ein Gleichgewicht, so bedeutet das, daß die Gleichgewichtswerte des Systems widerspruchsfrei aus den Annahmen des Modells folgen. Das Eindeutigkeitsproblem fragt danach, ob es nur eine einzige Gleichgewichtslösung gibt oder ob mehrere Lösungen, also multiple Gleichgewichtspunkte, existieren. Das Stabilitätsproblem enthält die Fragestellung, ob ein Gleichgewicht nach einer Störung wieder erreicht wird oder nicht. Das Kugelbeispiel aus der Mechanik zeigt die Analogie: Wird eine Kugel, die in einer Mulde in Ruhelage liegt, angestoßen, so wird die Kugel nach einigem Hin- und Herrollen wieder in die alte Gleichgewichtslage zurückpendeln. Dieses Gleichgewicht nennt man stabil. Eine Kugel, die auf einer Erhöhung liegt, kehrt nach einer Störung ihrer Ruhelage nicht wieder zum Ausgangsruhepunkt zurück. Ein solches Gleichgewicht, das nicht wieder erreicht wird, nennen wir instabil (labil). Daraus läßt sich für die Wirtschaftstheorie formulieren, daß wir einen Gleichgewichtszustand bei gegebenen Werten der exogenen Variablen als stabil bezeichnen, wenn eine Änderung dieser Werte bei den endogenen Variablen einen Anpassungsprozeß auslöst, der wieder zum Gleichgewicht zurückführt. Ist dies nicht der Fall, so liegt ein labiles Gleichgewicht vor.

Statik, komparative Statik, Dynamik

Es gibt drei wichtige Analysetechniken, mit denen man in der Wirtschaftstheorie Gleichgewichte und Ungleichgewichte untersucht: die statische, komparativ-statische und dynamische Analyse. Als statisch bezeichnet man eine Analyse, in der sich alle Werte der untersuchten Variablen auf denselben Zeitpunkt oder dieselbe Periode beziehen. Wenn z.B. ein Gleichgewicht untersucht wird, dann impliziert die statische Analyse die Frage, welche Werte die endogenen Variablen bei gegebenen Werten der exogenen Variablen annehmen. In der komparativ-statischen Analyse werden zwei oder mehrere Gleichgewichtszustände verglichen, die sich jeweils für unterschiedliche Konstellationen der exogenen Variablen ergeben, d.h. die unterschiedlichen Größen beziehen sich auf unterschiedliche Zeitpunkte. Die Fragestellung ist hier die nach den Wirkungen der Veränderungen von exogenen Variablen auf die Gleichgewichtswerte. Die dynamische Analyse schließlich untersucht Anpassungspfade der endogenen Variablen im Ungleichgewicht. Hier spielt die Zeit als Variable eine modelltheoretische Rolle, d.h. die endogenen Variablen werden explizit als Funktionen der Zeit behandelt. Die dynamische Analyse ergänzt die komparativ-statische Betrachtung und korrespondiert mit ihr also insofern, als sie die Anpassungsprozesse der endogenen Variablen zwischen zwei oder mehreren Gleichgewichten beschreibt.

Die folgende Abbildung zeigt die dargestellten Zusammenhänge auf.

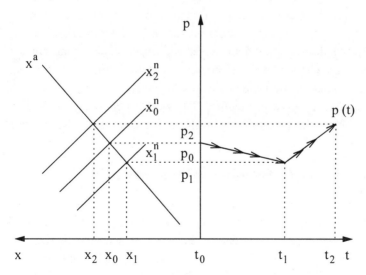

Abb. 1 - Statik, komparative Statik und Dynamik einer Preisanalyse

Im linken Quadranten variiert das Güterangebot (x^a) positiv, die Güternachfrage (x^n) negativ mit dem Preis p. Im Zeitpunkt t_0 stellt sich das Marktgleichgewicht bei p_0 ein. Die Preise p_1 und p_2 gelten entsprechend für die Marktgleichgewichte in t_1 und t_2, die sich durch Verschiebungen der Nachfragefunktion (parametrische Nachfrageänderung) ergeben. Die jeweilige Analyse der Marktgleichgewichte in t_0, t_1 und t_2 ist statisch, ein Vergleich der jeweiligen Preise (und Mengen) komparativ-statisch, die Analyse des Zeitpfades $p(t)$ kennzeichnet eine dynamische Betrachtung.

Kurz- und langfristige Analyse

Die Analysetechniken lassen sich für kurzfristige und langfristige Untersuchungen anwenden. Kurze und lange Perioden sind in der Wirtschaftstheorie nicht kalendarisch abgegrenzt, sondern haben etwas mit den Veränderungen von Strom- und Bestandsgrößen zu tun (Dimension der Stromgrößen: Mengen- oder Geldeinheit pro Zeitperiode; die der Bestandsgrößen: Mengen- oder Geldeinheit pro Zeitpunkt). Wir sprechen von einer Analyse der kurzen Periode, wenn die durch Veränderungen der Stromgrößen verursachten Bestandsänderungen nicht berücksichtigt werden. Gehen sie dagegen explizit in die Untersuchung ein, so handelt es sich um eine Analyse der langen Periode. Beispiele: Investitionen erhöhen den Kapitalstock, Ersparnisse das Vermögen, nicht verkaufte Produktion erhöht die Lagerbestände, Budgetdefizite lassen die Staatsverschuldung anwachsen. Eine Theorie, die z.B. positive Nettoinvestitionen und gleichzeitig Konstanz des volkswirtschaftlichen Kapitalstocks unterstellt, ist mithin kurzfristig orientiert. Die Berücksichtigung des Kapazitätseffektes der Investitionen macht sie zur langfristig ausgerichteten Theorie.

Mikroökonomik, Makroökonomik und Aggregation

In der Wirtschaftstheorie wird zwischen der Mikroökonomik und Makroökonomik unterschieden. Während in der Mikroökonomik das ökonomische Verhalten einzelner Wirtschaftseinheiten im Analysemittelpunkt steht, beschäftigt sich die Makroökonomik mit Gruppen von Wirtschaftssubjekten, die man zu Sektoren zusammenfaßt, und Aggregaten von wirtschaftlichen Vorgängen. So können die privaten Haushalte, die Unternehmungen und die öffentlichen Haushalte jeweils zu einem Sektor zusammengefaßt werden. Die Konsumausgaben der Haushalte bilden insgesamt das

Aggregat gesamtwirtschaftlicher Konsum, die Investitionen der Unternehmen die gesamtwirtschaftliche Investition, die Ausgaben der einzelnen öffentlichen Haushalte die gesamtwirtschaftlichen Staatsausgaben. Das Sozialprodukt impliziert die Aggregation von Konsum- und Investitionsgütern, woraus deutlich wird, daß die Preise von Güteraggregaten Mittelwerte der Einzelpreise der ins Aggregat aufgenommenen Güter sind.

Durch Aggregation kommt man also von der Mikro- zur Makroebene. Aber hier liegt ein theoretisches Problem, das sich in der Fragestellung ausdrückt, ob bzw. unter welchen Bedingungen Analogieschlüsse von der Mikro- auf die Makroebene möglich sind (Aggregationsproblem). Darauf wird in Kap IV.1 näher eingegangen.

III. Mikroökonomische Theorie

1. Theorie des Haushalts

1.1 Der optimale Konsumplan

Der Endzweck allen Wirtschaftens ist der Konsum, der in privaten Haushalten stattfindet. Deshalb konzentriert sich die Haushaltstheorie auf die Fragestellungen, wie das Einkommen eines Haushalts auf Konsum und Ersparnis optimal aufgeteilt wird und welche Güter in welchen Mengen mit dem zum Konsum verfügbaren Einkommen gekauft werden sollen. Eine umfassende Theorie des Haushalts versucht darüber hinaus u.a. die Fragen zu beantworten, wieviel Arbeitszeit ein Haushalt zur Erzielung seines Arbeitseinkommens anbieten soll und welche Zusammensetzung von Vermögensarten und Verbindlichkeiten für den Haushalt optimal ist.

Im Rahmen der sich auf Konsumentscheidungen beziehenden Theorie (Konsumtheorie) wird davon ausgegangen, daß der Haushalt rational handelt, d.h. daß er bei gegebener Budgetrestriktion (Einkommen) seine Präferenzfunktion maximiert. Dahinter steckt die Annahme, daß der Haushalt eine Präferenzordnung besitzt, d.h. daß er eine Rangordnung in bezug auf alternative Güterbündel (Konsumpläne) aufstellen kann. Damit wird vorausgesetzt, daß der Haushalt stets angeben kann, ob er von zwei Gütern oder Güterbündeln das eine dem anderen vorzieht oder ob er beide als gleichwertig ansieht. Diese Rangordnung resultiert aus seiner eigenen subjektiven Bewertung. Es wird deshalb nicht weiter untersucht und erklärt, woher diese Bewertung kommt und wodurch sie beeinflußt wird (Erziehung, Werbung, Mode usw.).

Bei der weiteren Beschreibung der Präferenzordnung des Haushalts wird zudem unterstellt, daß der Haushalt mehr Güter stets weniger

Gütern vorzieht, d.h. es gilt das Prinzip der Nichtsättigung. Damit[1] läßt sich die Präferenzordnung eines privaten Haushalts mit Hilfe von sog. Indifferenzkurven darstellen, wie sie erstmalig im Jahre 1881 von dem englischen Nationalökonomen Francis Y. Edgeworth verwendet wurden.

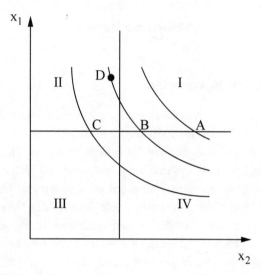

Abb. 2 - Indifferenzkurven eines privaten Haushalts

Eine Indifferenzkurve ist der geometrische Ort aller Kombinationen von Konsumgütern - hier x_1 und x_2 -, die im Urteil des Haushalts äquivalent sind, d.h. denen er indifferent gegenübersteht. Man erkennt, daß wegen des Prinzips der Unersättlichkeit alle Güterbündel bzw. Konsumpläne, die im Quadranten I liegen, allen denen im Quadranten III eindeutig vorgezogen werden. Da Konsumpläne um so mehr präferiert werden, je weiter entfernt vom Ursprung die dem jeweiligen Güterbündel entsprechende Indifferenzkurve verläuft, bedeutet dies, daß der Konsumplan A dem B und B dem C vorgezogen wird und daß die Konsumpläne B und D im Urteil des Haushalts äquivalent sind.

---

[1] In der mikroökonomischen Theorie werden noch weitere Annahmen (Axiome) eingeführt, die hier nicht sämtlich behandelt werden können. So wird insgesamt davon ausgegangen, daß die Präferenzordnungen transitiv, reflexiv und vollständig sind. Transitivität bedeutet Widerspruchsfreiheit, Reflexivität heißt, daß gleiche Güterbündel nicht untereinander präferiert werden, und Vollständigkeit impliziert die Annahme, daß der Haushalt stets eine Entscheidung treffen kann, weil die Güterbündel vergleichbar sind.

Jeder Haushalt unterliegt nun stets einer Budgetschranke, die die Menge der realisierbaren Güterbündel begrenzt. Diese Budgetrestriktion resultiert aus dem Einkommen, das dem Haushalt für Konsumzwecke zur Verfügung steht. Das Einkommen Y stellt bei gegebenen Güterpreisen p_1 (für x_1) und p_2 (für x_2) die maximal für den Kauf von x_1 und x_2 realisierbare Ausgabensumme dar:

(1) $Y = p_1 x_1 + p_2 x_2$

Aus (1) ergibt sich durch Umformung

(2) $x_1 = \dfrac{Y}{p_1} - \dfrac{p_2}{p_1} x_2,$

die auch als Bilanzgerade bezeichnet wird und im x_1,x_2-Diagramm die Menge der realisierbaren Konsumpläne begrenzt.

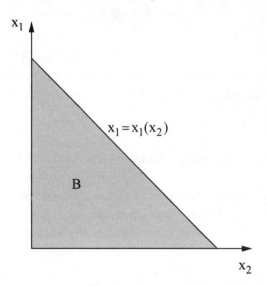

Abb. 3 - Die Budgetmenge des Haushalts

Die Fläche B des Dreiecks repräsentiert die Budgetmenge des Haushalts. Damit sind alle Voraussetzungen genannt, die zur Ableitung des optimalen Konsumplans des Haushalts nötig sind. Sie läßt sich wie folgt graphisch darstellen:

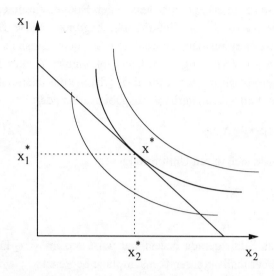

Abb. 4 - Der optimale Konsumplan

Der optimale Konsumplan ist x* (als Güterbündel, bestehend aus x_1^* und x_2^*), weil alle anderen realisierbaren Konsumpläne die Annahme rationalen Verhaltens - Wahl des größtmöglichen Güterbündels - verletzen.

1.2 Die Konsumnachfrage des Haushalts

Von welchen Größen hängt es also ab, wieviel der Haushalt von x_1 und x_2 nachfragt? Die Antwort lautet: von der Präferenzstruktur des Haushalts, von den Preisen der Güter und vom Budget, das dem Haushalt für Konsumzwecke zur Verfügung steht. Ändern sich Präferenzen, Güterpreise und/oder Budgetrestriktion, so beeinflussen diese Änderungen auch die Güternachfragemengen. In welcher Weise das geschieht, läßt sich zeigen, wenn wir z.b. den Preis für x_1 ceteris paribus erhöhen.

Eine p_1-Erhöhung bewirkt (vgl. Abb. 5), daß die Budgetgerade sich nach links dreht, d.h. daß die Steigung der Budgetgeraden - repräsentiert durch den Winkel α - absolut genommen kleiner wird. Das wird deutlich, wenn man die Steigung aus Gleichung (2) ableitet:

(3) $-\tan\alpha = \dfrac{dx_1}{dx_2} = -\dfrac{p_2}{p_1}$ bzw. $\left|\dfrac{dx_1}{dx_2}\right| = \dfrac{p_2}{p_1}$

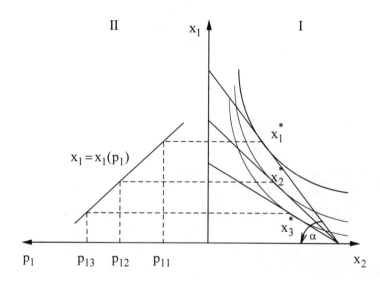

Abb. 5 - Die Nachfrage in Abhängigkeit vom Güterpreis

Eine p_1-Erhöhung - z.B. von p_{11} über p_{12} bis auf p_{13} - zeigt (Quadrant II), daß zwischen nachgefragter x_1-Menge und p_1 eine inverse Beziehung besteht:

(4) $x_1 = x_1(\underline{p}_1)$

Das Minuszeichen (unterhalb p_1) soll diese inverse Beziehung ausdrücken[1], d.h. die erste Ableitung der Nachfragefunktion (4) ist negativ ($dx_1/dp_1 < 0$). Das kennzeichnet den typischen Verlauf einer vom Güterpreis abhängigen Nachfrage eines Haushalts.

Eine Veränderung der Budgetrestriktion hat ceteris paribus ebenfalls Wirkungen auf die nachgefragten Gütermengen. Wird das Einkommen z.B. erhöht, so verschiebt sich die Bilanzgerade vom Koordinatenursprung weg parallel nach Nordosten (vgl. Abb. 6):

---

[1]   Wir wollen im weiteren diese Art der Darstellung zur Charakterisierung der Steigung einer Funktion verwenden.

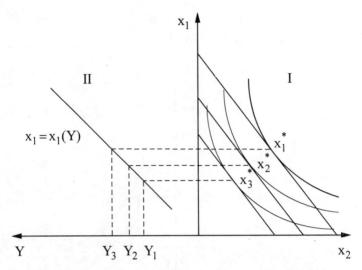

Abb. 6 - Nachfrage in Abhängigkeit vom Einkommen

Die Güternachfrage ist hier positiv abhängig vom Einkommen (Quadrant II):

(5) $x_1 = x_1(\underset{+}{Y})$

Gleichungen vom Typ (5) werden auch als Engel-Kurven bezeichnet.

Nach allem Gesagten läßt sich die Nachfragefunktion des Konsumenten algebraisch formulieren als

(6) $x^* = x^*(p_1, p_2, Y)$.

Wenn angenommen wird, daß die Haushalte sich in bezug auf ihre reale Situation nicht durch gleiche proportionale Änderungen aller monetären Größen täuschen lassen, dann bedeutet dies, daß sie z.B. bei einer Verdoppelung ihres Einkommens und gleichzeitiger Verdoppelung der Güterpreise ihre Güternachfrage nicht verändern. Man sagt bei einem solchen Verhalten, daß die Haushalte frei sind von Geldillusion. Freiheit von Geldillusion bedeutet generell, daß die Wirtschaftssubjekte nicht in nominalen, sondern in realen

Größen kalkulieren. Man kann diesen Sachverhalt auch formal dadurch ausdrücken, daß die Nachfragefunktion wie folgt geschrieben wird:

$$(7) \qquad \lambda^0 x^* = x^*(\lambda p_1, \lambda p_2, \lambda Y)$$

Sie besagt, daß wenn Preise und Einkommen mit demselben Faktor (λ) multipliziert werden, die nachgefragte Menge (x^*) unverändert bleibt (denn es gilt ja $\lambda^0 = 1$).

Dies führt uns zum Begriff der Homogenität einer Funktion. Man sagt, eine Funktion sei homogen vom Grade r, wenn eine Erhöhung der unabhängigen Variablen um das λ-fache eine Erhöhung der abhängigen Variablen um das λ^r-fache bewirkt. Auf unsere Nachfragefunktion bezogen, heißt das:

$$(8) \qquad \lambda^r x^* = x^*(\lambda p_1, \lambda p_2, \lambda Y)$$

Daraus folgt, daß die Freiheit von Geldillusion gemäß (7) bedeutet, daß die Nachfragefunktion homogen vom Grade Null ist.

Elastizitäten

Bei allen funktionalen Beziehungen zwischen abhängigen und unabhängigen Variablen, also auch bei Nachfragefunktionen der beschriebenen Art, ist es für den Ökonomen interessant zu wissen, wie stark Veränderungen in den numerischen Werten der unabhängigen Variablen auf die abhängigen Variablen einwirken. Um wieviel verändert sich die nachgefragte Gütermenge, wenn der Güterpreis steigt oder das Einkommen sinkt? Eine solche Fragestellung wird in der ökonomischen Theorie mit Hilfe sog. Elastizitäten beantwortet. Eine Elastizität ist das Verhältnis zweier relativer Änderungen, und zwar der relativen Änderung der abhängigen zur relativen Änderung der unabhängigen Variablen:

$$(9) \qquad E(x_i, p_i) = \frac{dx_i}{x_i} : \frac{dp_i}{p_i} = \frac{dx_i}{dp_i} \cdot \frac{x_i}{p_i} \quad \begin{matrix} > \\ \\ < \end{matrix} \quad 0$$

Es handelt sich hier um die Elastizität der nachgefragten Menge eines Gutes i in bezug auf den Preis dieses Gutes, kurz: die direkte Preiselastizität der Nachfrage für das Gut i. Sie ist eine dimensionslose Zahl.[1] Ist die direkte Preiselastizität negativ, so liegt der Normalfall vor, denn normalerweise wird weniger nachgefragt, wenn der Preis eines Gutes steigt (vgl. Abb. 5). Aber es gibt auch den anomalen Fall der positiven Preiselastizität, den man z.B. bei Luxus- und Prestigegütern, aber auch bei manchen Grundnahrungsmitteln, findet. Man nennt die Güter mit positiver Nachfrageelastizität allgemein „Giffen-Güter" (nach dem englischen Nationalökonomen Giffen, der im 19. Jahrhundert feststellte, daß die Brotnachfrage mit steigendem Brotpreis stieg).

Die folgende Elastizität

$$(10) \quad E(x_i, p_j) = \frac{dx_i \; p_j}{dp_j \; x_i} \begin{matrix} > \\ < \end{matrix} 0$$

stellt die relative Änderung der nachgefragten Menge des Gutes i ins Verhältnis zur relativen Änderung des Preises eines anderen Gutes j. Es handelt sich um die indirekte Preiselastizität oder Kreuzpreiselastizität der Nachfrage. Mit ihr kann man etwa die Frage beantworten, wie sich die nachgefragte Menge nach Butter (relativ bzw. prozentual) verändert, wenn der Margarinepreis um ein Prozent sinkt oder welche (prozentuale) Änderung die Spargelnachfrage erfährt, wenn der Schinkenpreis um ein Prozent steigt. Im ersten Fall (Butter/Margarine) handelt es sich um substitutionale Güter, die im Urteil des Nachfragers in gewisser Weise austauschbar sind, während im letzteren Fall (Spargel/Schinken) zwei komplementäre Güter vorliegen, die sich in spezifischer Weise ergänzen. Die Kreuzpreiselastizitäten für substitutionale Güter sind positiv, die für komplementäre Güter negativ.

Wird die Änderung der nachgefragten Gütermengen aufgrund einer Einkommensänderung gemäß Gleichung (5) untersucht, so können wir das mit Hilfe von Einkommenselastizitäten der Nachfrage bewerkstelligen:

---

[1]   Multipliziert man den Elastizitätswert mit 100, so zeigt eine Elastizität an, um wieviel Prozent sich die abhängige Variable verändert, wenn die unabhängige Variable um ein Prozent variiert.

(11) $E(x_i, Y) = \dfrac{dx_i}{dY} \dfrac{Y}{x_i} \begin{matrix} > \\ < \end{matrix} 0$

Diese Einkommenselastizität gibt an, um wieviel Prozent sich die nachgefragte Menge von x_i verändert, wenn das Einkommen eine einprozentige Änderung erfährt. Ist die Einkommenselastizität positiv, dann spricht man davon, daß sich die Nachfrage auf ein superiores Gut bezieht; ist sie negativ, handelt es sich um ein inferiores Gut. Die folgende Übersicht faßt diese Überlegungen zusammen.

Tabelle 1 - Nachfrageelastizitäten und Güterklassifikation

Vorzeichen Elastizität	positiv (> 0)	negativ (< 0)
Direkte Preiselastizität	Giffen-Fall	Normalfall
Kreuzpreiselastizität	Komplementäre Güter (Komplemente)	Substitutionale Güter (Substitute)
Einkommenselastizität	Superiore Güter	Inferiore Güter

Da der Wertebereich der Elastizitäten sich theoretisch von plus unendlich bis minus unendlich erstreckt, haben sich folgende Bezeichnungen eingebürgert:

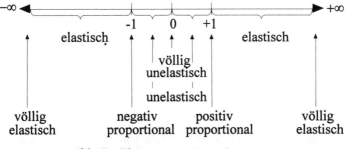

Abb. 7 - Elastizitäten-Wertebereiche

Kommen wir zurück auf die Wirkung von Preisänderungen auf die Güternachfrage und untersuchen diese etwas genauer. Geht man - entsprechend Abb. 5 - wieder von zwei Gütern (x_1 und x_2) aus, so fragen wir: Wie wirkt ceteris paribus eine Preiserhöhung von x_1? Zwei Effekte lassen sich identifizieren.

1. Durch die Preiserhöhung von x_1 wird x_2 relativ billiger. Im Normalfall wird der Haushalt dann mehr von x_2 und weniger von x_1 nachfragen, d.h. er substituiert x_1 teilweise durch x_2. Wir nennen dies den Substitutionseffekt der Preisvariation.

2. Durch die Preiserhöhung von x_1 ist der Haushalt bei gegebenem Budget real schlechter gestellt, denn insgesamt kann er für den ihm zur Verfügung stehenden monetären Einkommensbetrag weniger Güter kaufen. Anders ausgedrückt: Das reale Einkommen (ausgedrückt in Gütermengen) ist gesunken. Dies nennen wir den Einkommenseffekt der Preisänderung.

Bei jeder Preisvariation müssen wir mithin den Substitutions- und den Einkommenseffekt, die gleichzeitig wirksam sind, analytisch trennen.

1.3 Zum Begriff des Nutzens

Bisher haben wir einen Begriff nicht erwähnt, der in der Theorie des Haushalts eine zentrale Rolle spielt bzw. gespielt hat: der Nutzen. Wir haben vielmehr von Präferenzordnung und Präferenzfunktion, die es zu maximieren gilt, gesprochen. Die Basis dafür sind Überlegungen hinsichtlich der Indifferenz und Präferenz, d.h. der Äquivalenz und Dominanz im Rahmen einer Wahlhandlungstheorie, in der der Nutzenbegriff gar nicht auftaucht. Man kann, im Anschluß an den französischen Nationalökonomen Gérard Debreu, diese Wahlhandlungstheorie wiederum als eine spezielle, auf ökonomische Kategorien bezogene Variante einer allgemeinen Entscheidungstheorie betrachten.

In der älteren Haushaltstheorie wird zur Charakterisierung der Präferenzordnung von einer sog. ordinalen Nutzenfunktion ausgegangen, im 19. Jahrhundert unterstellte man sogar eine kardinale Nutzenfunktion des Haushalts (Gossen 1853, Jevons 1871, Menger 1871, Walras 1874, Marshall 1898). Der Unterschied zwischen beiden Konzepten wird deutlich, wenn man die grundsätzliche Frage stellt: Kann man Nutzen messen? Zur Beantwortung dieser für die Konsumtheorie zentralen Frage muß man sich vergegenwärtigen, unter welchen Bedingungen man generell überhaupt etwas „messen" kann. Um messen zu können, benötigen wir drei Festlegungen: die des Nullpunktes, der Meßskala und des Meßverfahrens. Bezogen auf die Konsumtheorie könnte man überlegen, den Nullpunkt durch ein „Standard-Güterbündel" zu fixieren, das für alle Haushalte gleich ist. Das Problem ist nur, daß nicht alle Haushalte aus diesem Güterbündel den gleichen Konsumnutzen ziehen. Es fehlt damit die interpersonelle Vergleichbarkeit, und solange diese nicht gegeben ist, läßt sich für die Nutzenmessung offenbar kein „objektiver", d.h. interpersonell vergleichbarer Ausgangspunkt festlegen. Der Nutzen läßt sich also gar nicht objektiv messen.

Schwierigkeiten bereitet auch die Aufstellung einer Meßskala. Kann jemand urteilen, das Gut x_1 stifte ihm 2,3 mal so viel Nutzen wie das Gut x_2? In aller Regel läßt sich das von niemandem sagen, aber man kann wohl eine Rangordnung aufstellen: Ich ziehe das Gut x_1 dem Gut x_2 vor und das Gut x_2 wiederum x_3 usw. Also gibt es (allenfalls) eine ordinale Nutzenmessung, d.h. eine ordinale Nutzenfunktion (Nutzenindexfunktion). Diese entspricht dann unserer Präferenzfunktion, die mit Hilfe von Indifferenzkurven dargestellt wird. Sie repräsentieren unterschiedliche Nutzenniveaus bzw. -indices, aber deren Abstände sind nicht kardinal meßbar.

So sehen wir die Dinge heute, aber die ältere Konsumtheorie des Haushalts, die aus dem philosophischen System des Utilitarismus entstand, welches alles menschliche Handeln aus Nützlichkeitserwägungen der Menschen heraus erklärte, ging von der kardinalen Meßbarkeit des Nutzens aus. Nutzenmaximierung wurde zum Inbegriff und zur Zielsetzung allen ökonomischen Handelns.

1.4 Die Gossenschen Gesetze

Besonderen Ausdruck fand das kardinale Nutzenkonzept in der Hypothese vom <u>abnehmenden Grenznutzen</u>. Abgeleitet wird sie aus einer „Nutzenfunktion" in der Weise, daß der Nutzen (U_i), den ein Gut x_i einem Konsumenten stiftet, positiv von der Höhe der konsumierten Menge dieses Gutes abhängt:

$$(12) \quad U_i = U_i(x_i)$$
$$+$$

Die Nutzenfunktion (12) sagt also aus, daß der Nutzen mit zunehmendem x_i-Konsum steigt. Man kann auch sagen: der Grenznutzen ist positiv. Der Begriff des Grenznutzens ist hier zentral. Er definiert den zusätzlichen Nutzen, den ein Haushalt durch den Konsum einer zusätzlichen Einheit von x_i gewinnt. Da der Grenznutzen durch die erste Ableitung der Nutzenfunktion (12) formal dargestellt wird, kann er wie folgt abgeleitet werden:

$$(13) \quad \frac{dU_i}{dx_i} > 0$$

Die Konsumtheorie geht nun zudem davon aus, daß der Grenznutzen mit zunehmendem Konsum eines Gutes immer kleiner wird. Dahinter steht die Vorstellung eines <u>Sättigungseffektes</u>, dem ein Konsument unterliegt, wenn er immer mehr von ein und demselben Gut konsumiert: Irgendwann ist der Zusatznutzen einer zusätzlichen Konsumeinheit Null (oder er wird sogar negativ). Formal heißt das, daß die zweite Ableitung der Nutzenfunktion (12) - bzw. die erste Ableitung der Grenznutzenfunktion (13) - negativ ist:

$$(14) \quad \frac{d^2 U_i}{dU_i^2} < 0$$

Diese Zusammenhänge lassen sich graphisch wie folgt darstellen:

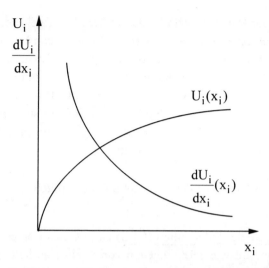

Abb. 8 - Nutzen- und Grenznutzenfunktion eines Haushalts

Die zentrale Hypothese der Konsumtheorie, daß also mit zunehmendem Konsum eines Gutes der Nutzen zunimmt, aber der Nutzenzuwachs abnimmt, wurde zuerst von dem deutschen Nationalökonom Hermann Heinrich Gossen (1854) formuliert. Man bezeichnet sie deshalb auch als das 1. Gossensche Gesetz.

Im Rahmen dieses Nutzenkonzepts läßt sich das 1. Gossensche Gesetz auch noch auf andere Weise verdeutlichen, wenn wir uns aus Abb. 2 eine Indifferenzkurve herausgreifen:

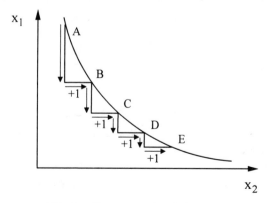

Abb. 9 - Grenzrate der Substitution

Fragt sich der Haushalt, vom Punkt A (Abb. 9) ausgehend, wieviele Einheiten er von x_1 weniger konsumieren kann, wenn er eine Einheit von x_2 mehr konsumiert, ohne daß sein Nutzenniveau sich ändert, dann geht es um die Bewegung von A nach B. Dieselbe Überlegung kann in bezug auf die Bewegung von B nach C, C nach D usw. angestellt werden. Es wird x_1 durch eine Einheit x_2 substituiert (der umgekehrte Fall ist natürlich genauso denkbar: Substitution von x_2 durch x_1). Deshalb können wir schreiben:

$$\frac{dx_i}{dx_j} = \text{Grenzrate der Substitution von } x_i \text{ durch } x_j.$$

Die Grenzrate der Substitution (GRS) eines Gutes i durch ein Gut j gibt also an, auf wieviele Einheiten von x_i ein Haushalt verzichten muß, um eine zusätzliche Einheit von x_j zu konsumieren, ohne daß sich sein Nutzenniveau verändert. Da die GRS stets positiv definiert ist (obwohl ja gilt: $dx_i < 0$, denn sonst gäbe es ja keine Gütersubstitution) und aus Abb. 9 sichtbar ist, daß die Verzichtsmenge dx_i mit fortdauernder Substitution durch dx_2 immer kleiner wird, nimmt damit auch die Grenzrate der Substitution ab. Abnehmende Grenzrate der Substitution im Konsum basiert auf abnehmendem Grenznutzen zusätzlicher Konsumgütermengen und ist damit ein anderer Ausdruck für das 1. Gossensche Gesetz.

Vom 1. Gossenschen Gesetz unterscheidet man das 2. Gossensche Gesetz. Es läßt sich auf der Basis von Abb. 4 sowie Gleichung (3) ausdrücken:

$$(15) \qquad \left| \frac{dx_i}{dx_j} \right| = \frac{p_j}{p_i}$$

Das 2. Gossensche Gesetz besagt also, daß im optimalen Konsumplan die GRS zweier Güter dem umgekehrten Preisverhältnis dieser Güter entspricht.

1.5 Das Arbeitsangebot des Haushalts

Das optimale Arbeitsangebot

Wir haben erwähnt, daß in einer Theorie des Haushalts u.a. auch die Frage zu beantworten ist, wieviele Arbeitsstunden ein Haushalt zur Erzielung seines Arbeitseinkommens anbieten soll, die dann die Budgetbeschränkung für seinen Konsum darstellt. Bei der Beantwortung dieser Fragestellung gehen wir zunächst davon aus, daß der Haushalt über die Höhe seines Arbeitsangebots frei entscheiden kann, d.h. nicht an Tarifverträge, Betriebsvereinbarungen, gesetzliche Arbeitszeitvorschriften usw. gebunden ist.

Die folgende Graphik veranschaulicht den Gedankengang:

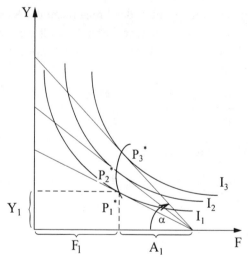

Abb. 10 - Optimale Freizeit-Arbeitszeit-Einkommen-Pläne

Die Freizeit (F) und das durch Arbeit (A) erzielbare Einkommen (Y) sind die zu optimierenden Größen. Wenn wir annehmen, daß mit T der für einen Tag verfügbare Stundenrahmen fixiert ist, der prinzipiell mit Freizeit oder Arbeit ausgestaltet werden kann, dann ist folgende Überlegung anzustellen (z.B. T = 24 Stunden – 8 Stunden Schlaf = 16 verfügbare Stunden). Für den Fall, daß T vollständig als

Freizeit verbracht wird (T = F, A = 0), verdient der Haushalt nichts: Y = 0.

Wenn T vollständig als Arbeitszeit disponiert wird (T = A, F = 0), d.h. der Haushalt keinerlei Freizeit hat, dann erzielt er das höchste Arbeitseinkommen Y_{max}. Alle Kombinationen von Arbeits- und Freizeit generieren ein Arbeitseinkommen zwischen 0 und Y_{max}.

Die Höhe des Arbeitseinkommens hängt bei gegebener Arbeitszeit von der Höhe des Lohnsatzes pro Arbeitsstunde ab. Wir können diese Zusammenhänge algebraisch formulieren:

$$(16) \qquad Y = \frac{w}{p} \cdot A = \frac{w}{p}(T - F)$$

Diese Gleichung ist die Budgetgerade des Arbeitsanbieters.

Da w der Nominallohn ist und p das Preisniveau der Konsumgüter, ist der Quotient aus w und p der Reallohn. Er mißt den Lohn in Gütermengen pro Arbeitsstunde. Dieser Reallohn entspricht in der Graphik dem Tangens des Winkels α

$$(17) \qquad \tan\alpha = \left|\frac{dY}{dF}\right|,$$

und da gemäß Gleichung (16) gilt

$$(18) \qquad \tan\alpha = \left|\frac{dY}{dF}\right| = \frac{w\,dA}{p\,dF} = \frac{w}{p} \quad \text{mit} \quad \left|\frac{dA}{dF}\right| = 1,$$

erhalten wir aus (17) und (18)

$$(19) \qquad \tan\alpha = \frac{w}{p}.$$

Eine Drehung der Budgetgeraden nach rechts entspricht somit einer Reallohnerhöhung.

Nun zu den Indifferenzkurven, die die Präferenzfunktion des Haushalts hinsichtlich Freizeit und Arbeitszeit bzw. Arbeitseinkommen repräsentieren. Die optimalen Freizeit-Arbeitszeit-Einkommen-

Pläne sind für alternative Reallohnniveaus unterschiedlich. Für $\tan\alpha_1 = (w/p)_1$ würde der Haushalt A_1 Stunden arbeiten, F_1 Stunden Freizeit haben und ein Arbeitseinkommen in Höhe von Y_1 erzielen. Wir erkennen, daß mit steigendem Reallohn das Arbeitsangebot steigen, konstant bleiben oder auch fallen kann. Das hängt offensichtlich von der Art der Indifferenzkurven ab. Deshalb gibt es durchaus Arbeitsangebotskurven folgenden Verlaufs:

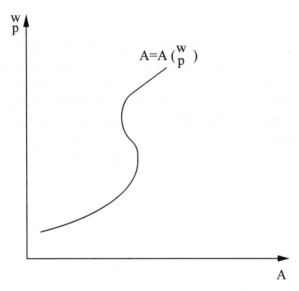

Abb. 11 - Arbeitsangebotsfunktion eines Haushalts

Hinter den Indifferenzkurven stehen prinzipiell folgende Präferenzen des Haushalts: Bei niedrigem Lohn und geringem Arbeitseinsatz ist der Grenznutzen der Güter, die sich der Haushalt leisten kann, hoch und das „Grenzleid" der Arbeit niedrig. Wenn mit zunehmendem Güterkonsum dessen Grenznutzen abnimmt und mit steigendem Arbeitseinsatz das Grenzleid der Arbeit zunimmt, dann wird das Arbeitsangebot so lange ausgedehnt, bis Gütergrenznutzen und Arbeitsgrenzleid übereinstimmen. Ein Anstieg des Reallohns hat nun zwei Wirkungen. Zum einen kann der Haushalt sowohl mehr konsumieren als auch mehr Freizeit genießen. Das ist der Einkommenseffekt Lohnerhöhung. Zum anderen signalisiert ein höherer Reallohn, daß die Opportunitätskosten einer Stunde Freizeit gestiegen sind, worauf ein rational handelnder Haushalt mit einer Reduzierung der Freizeit und einer Erhöhung des Güterkonsums reagieren würde. Das ist der Substitutionseffekt der Lohnerhöhung. Es hängt nun von den Präferenzen des Haushalts ab, welcher Effekt überwiegt oder ob sie sich beide kompensieren.[1]

1.6 Die duale Entscheidungshypothese

Bisher haben wir unterstellt, daß der Haushalt seinen optimalen Arbeitsangebotsplan auch tatsächlich realisieren kann. Die Realität läßt dies jedoch häufig nicht zu, d.h. der Haushalt kann nur weniger anbieten, als er möchte. Er ist mithin vollkommen oder teilweise arbeitslos, je nachdem ob er überhaupt nicht oder nur einige Stunden arbeiten kann. Der Haushalt unterliegt also einer Arbeitsangebotsbeschränkung:

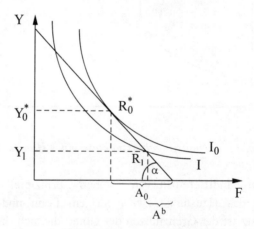

Abb. 12 - Beschränkung des Arbeitsangebots

---

[1] Man kann feststellen, daß die Reaktion des Arbeitsangebots auf Lohnerhöhungen in der Praxis u.a. von der Länge der betrachteten Zeitperiode abhängt: Kurzfristig reagieren die Haushalte kaum auf Reallohnänderungen, die Arbeitsangebotsfunktionen sind deshalb mehr oder weniger unelastisch. Sehr langfristig reagieren sie aber offensichtlich invers auf Lohnveränderungen, denn die Erhöhung der Reallöhne in den letzten hundert Jahren (um das Fünf- bis Fünfzehnfache) ist einhergegangen mit einem Rückgang der Arbeitszeit um etwa die Hälfte. Interessant ist auch, daß das Arbeitsangebot geschlechterspezifisch verläuft: Während bei Männern die Arbeitszeit seit der Jahrhundertwende zurückgegangen ist, hat sie sich bei Frauen - u.a. aufgrund steigender Arbeitsmarktbeteiligung - erhöht. Offensichtlich überwiegt bei den Männern der Einkommenseffekt, bei den Frauen der Substitutionseffekt.

In Abb. 12 wäre bei unbeschränktem Arbeitsangebot R_0^* der vom Haushalt gewählte Punkt. Wird nun - z.b. aufgrund einer kollektiven Tarifvereinbarung oder durch staatliche Gesetze - die Arbeitszeit auf A^b beschränkt, dann ist R_1 der Optimalpunkt. Dieser liegt, wie man sieht, auf einer niedrigeren Indifferenzkurve, d.h. für den Haushalt bedeutet eine unfreiwillige Arbeitszeitrestriktion eine Wohlstandsabsenkung. Zudem befindet er sich mit R_1 nicht in einem Gleichgewichtszustand, sondern im Ungleichgewicht, denn R_1 ist kein Tangentialpunkt. Sein tatsächlich erzielbares Einkommen Y_1 ist geringer als das von ihm gewünschte Einkommen Y_0.

Das hat natürlich wiederum eine Verringerung der Güternachfrage des Haushalts zur Folge, denn die Budgetgerade (Abb. 3) verschiebt sich nach links unten zum Koordinatenursprung. Arbeitszeitrestriktionen bedeuten für den Haushalt also, daß er zunächst abwarten muß, wieviel Arbeitseinkommen er erzielen kann, um danach erst den optimalen Konsumplan unter Berücksichtigung dieses Einkommens zu realisieren. Die Entscheidungen des Haushalts sind mithin zweistufig und nicht simultan. Dies ist der Kern der sog. dualen Entscheidungshypothese in der Theorie des Haushalts, die von den Nationalökonomen Robert Clower und Axel Leijonhufvud Mitte der 1960er Jahre in die ökonomische Debatte eingeführt worden ist und vor allem im Rahmen des sog. neokeynesianischen Ansatzes der makroökonomischen Theorie (vgl. Kap.IV.8.1.) eine Rolle spielt.

2. Theorie der Unternehmung

Die Theorie der Unternehmung ist traditionell ebenso wie die Theorie des Haushalts Bestandteil der mikroökonomischen Theorie. Hier sind die Schnittmengen der Volkswirtschafts- und der Betriebswirtschaftslehre naturgemäß besonders groß. In diesem Buch werden nur einige Grundlagen der Theorie der Unternehmung angesprochen, die für die Volkswirtschaftstheorie wichtig sind.

Unter einer Unternehmung wollen wir eine technisch-organisatorische Einheit verstehen, die Entscheidungen über die Produktion von

Gütern trifft. Dabei heißt Produktion nichts anderes als Transformation (Umwandlung) von bestehenden Gütern in neue Güter. Ein Produktionsprozeß ist deshalb ein Transformationsprozeß, in dem Produktivleistungen von Produktionsfaktoren in neue Güter umgeformt werden. Diese Umformung kann physischer Art sein, aber auch Dienstleistungen beinhalten. Prinzipiell läßt sich wohl jede wirtschaftliche Betätigung als Produktionsprozeß auffassen.[1]

Wir gehen im folgenden davon aus, daß eine Unternehmung über einen gegebenen Produktionsapparat verfügt, wobei wir nicht untersuchen, nach welchen Kriterien die Entscheidungen über Umfang und Zusammensetzung des Produktionsapparates gefällt wurden. Diese Fragestellung wird in der sog. Investitionstheorie behandelt, die wir hier nicht untersuchen. So können wir die im folgenden zu behandelnden Fragenkomplexe der Theorie der Unternehmung auf zwei Bereiche beziehen:

1. die Bestimmung der optimalen Kombination der die Produktivleistungen abgebenden Produktionsfaktoren oder anders ausgedrückt: die Auswahl effizienter Produktionsprozesse;

2. die Bestimmung der Menge der Güter, die produziert und abgesetzt werden sollen.

Wir konzentrieren uns zunächst auf den ersten Bereich, der Bestandteil der Theorie der Produktion ist. Im wesentlichen geht es darum, aus einer Menge möglicher Handlungsalternativen für die Produktion die „geeignetste" auszuwählen, gemessen an einem Bewertungssystem. Dabei wird die Menge der möglichen Handlungsalternativen durch die technischen Bedingungen der Produktion bestimmt. Diese müssen wir deshalb analysieren.

Bei dieser Analyse gibt es verschiedene Vorgehensweisen, d.h. es gibt nicht nur „eine" Theorie der Produktion. Die „moderne" Theorie (Aktivitätsanalyse) unterscheidet sich von der „traditionellen" (neoklassischen) Theorie durch unterschiedliche Annahmen über die

---

[1] Das ist unmittelbar einsichtig für Unternehmungen, die Sachgüter und/oder Dienstleistungen produzieren. Aber auch in der Theorie des Haushalts wird der Konsum eines Gutes verschiedentlich insofern als Produktionsprozeß betrachtet, als jeder Güterkonsum für den Haushalt einen Nutzen „produziert".

der Produktion zugrunde liegende Technologie. Dies wird im folgenden deutlich.

2.1 Aktivitätsanalyse

In der sog. Aktivitätsanalyse[1] wird davon ausgegangen, daß der Unternehmung nur eine begrenzte Zahl von technischen Transformations-(= Produktions-)Möglichkeiten zur Verfügung steht. Jede Transformationsmöglichkeit (Aktivität, Prozeß) ist dadurch charakterisiert, daß die Produktion (Output) mit einer festen Kombination von Produktionsfaktoren (Input) hergestellt wird. Dabei sind Produktionsfaktoren (bzw. deren Leistungen) nichts anderes als die zu transformierenden Güter.

Als Beispiel sei der Output x gewählt, der mit zwei Produktionsfaktoren v_1 und v_2 (z.B. Arbeit und Kapital) produziert werden kann, die aufgrund gegebener Produktionstechnik im festen Verhältnis zueinander eingesetzt werden müssen:

$$(20) \quad \begin{aligned} v_1 &= a_1 x \\ v_2 &= a_2 x, \end{aligned}$$

wo a_1 und a_2 die jeweiligen Mengen von v_1 und v_2 angeben, die einzusetzen sind, wenn man eine Einheit von x produzieren will. Wir nennen sie Produktionskoeffizienten.

Existieren in der Unternehmung mehrere, z.B. zwei technische Möglichkeiten der Produktion von x, also zwei Produktionsprozesse π_1 und π_2, dann läßt sich das folgendermaßen darstellen:

1. Prozeß (π_1)   **2. Prozeß (π_2)**

$v_{11} = a_{11} x$ $v_{12} = a_{12} x$

$v_{21} = a_{21} x$ $v_{22} = a_{22} x$

---

[1] Der Begriff wurde von dem Nationalökonomen Tjalling C. Koopmanns (1951) geprägt und entstammt dem militärischen Bereich, während die Bezeichnung „Produktionsprozeß" von John v. Neumann (1937) verwendet wurde. Wir verwenden die Begriffe „Aktivität" und „Prozeß" im folgenden synonym.

Der erste Index gibt den Faktor, der zweite Index den Prozeß an. Ein Produktionsprozeß ist mithin ein Produktionsverfahren, in dem die Faktoren im festen Verhältnis kombiniert werden, wobei die Produkte ebenfalls im festen Verhältnis zum Faktoreinsatz stehen.

Graphisch ergibt sich damit folgendes Bild:

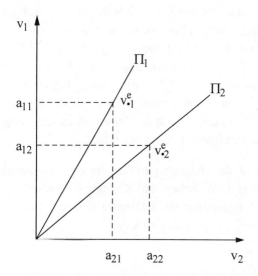

Abb. 13 - Produktion mit zwei Prozessen

Dabei sind $v^e_{.1}$ bzw. $v^e_{.2}$ die Mengen der jeweiligen Faktoren, die im Prozeß π_1 bzw. π_2 für die Produktion $x = 1$ eingesetzt werden müssen. Wir sprechen hier vom Einheitsniveau der Produktion.

Da beide Produktionsprozesse unabhängig voneinander simultan gefahren werden können, läßt sich das Einheitsniveau - oder jedes andere Produktionsniveau - auf dreierlei Weise realisieren: entweder nur mit π_1 oder nur mit π_2 oder mit einer Kombination beider Prozesse, dann natürlich beide auf jeweils geringerem Niveau. Man sagt auch, daß die Produktion entweder mittels der Basisaktivitäten (π_1 bzw. π_2) oder Kombinationen der Basisaktivitäten erstellt werden kann. Damit setzt sich die Gesamtheit aller technisch möglichen Produktionen (Technologiemenge) aus den Basisaktivitäten, die durch konstante Produktionskoeffizienten gekennzeichnet sind, und deren Kombinationen zusammen. Da die Produktionskoeffizenten konstant sind, ändern sich die Inputquantitäten proportional zu den Outputquantitäten. Man spricht deshalb von linearer Technologie. Die Kombination von Produktionsprozessen wird in diesem Fall als Linearkombination bezeichnet. Das läßt sich graphisch wie folgt veranschaulichen:

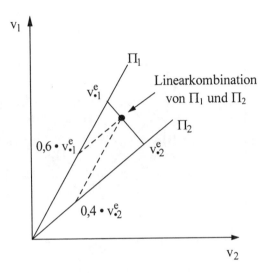

Abb. 14 - Basisaktivitäten und Linearkombinationen

In dieser Graphik stellt die Verbindungsstrecke zwischen $v^e_{\cdot 1}$ bzw. $v^e_{\cdot 2}$ den geometrischen Ort aller möglichen Linearkombinationen auf dem Einheitsniveau dar, von denen hier speziell die Kombination aufgezeigt wird, in der mit Prozeß 1 auf 60%igem und Prozeß 2 auf 40%igem Einheitsniveau produziert wird.

Die bisherigen Überlegungen hinsichtlich der technisch möglichen Produktionen gestatten uns noch keine Entscheidung darüber, für welche Produktionsalternative wir uns entscheiden sollen. Dazu bedarf es eines Bewertungskriteriums, das wir als Effizienzkriterium bezeichnen wollen. Dabei sagen wir, daß eine Produktion effizient ist, wenn die mengenmäßige Erhöhung eines Gutes nur auf Kosten der Verminderung der Menge eines anderen Gutes erreicht werden kann. Dasselbe wird ausgedrückt, wenn wir Effizienz so definieren, daß ein gegebener Output bei Verminderung des Inputs auch nur in einer Komponente nicht mehr erreicht werden kann.

Sind alle technisch möglichen Produktionen auch effizient? Diese Frage läßt sich am besten beantworten, wenn wir z.B. von vier Produktionsprozessen ausgehen:

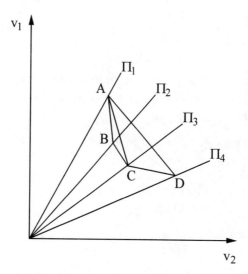

Abb. 15 - Effiziente und ineffiziente Linearkombinationen

Alle Produktionsprozesse sind offensichtlich effizient, ebenso die Linearkombinationen von benachbarten Prozessen: π_1 und π_2, π_2 und π_3, π_3 und π_4. Aber die Linearkombinationen von nicht benachbarten Prozessen (π_1 und π_3, π_1 und π_4 usw.) sind nicht effizient, weil alle Punkte auf der Strecke $\overline{AD}$, die denselben Output wie die Punkte auf der Strecke $\overline{AC}$ oder $\overline{ABCD}$ repräsentieren, nur mit einem jeweils höheren Einsatz von sowohl v_1 als auch v_2 erreichbar sind. Aus dieser Überlegung heraus werden alle effizienten Inputkombinationen, die dieselbe Output-Quantität realisieren, als Isoquanten bezeichnet (in Abb. 15 die Strecke $\overline{ABCD}$).

2.2 Neoklassische Produktionstheorie

Die Aktivitätsanalyse geht von einer endlichen Zahl von linearen Produktionsprozessen aus, die einer Unternehmung zur Verfügung stehen. Im Gegensatz zu ihr arbeitet die neoklassische Produktionstheorie mit folgenden zentralen Annahmen:

1. Die Menge der technisch möglichen Produktionsprozesse ist unendlich.
2. Die Technologie muß nicht unbedingt linear sein, sie kann auch nicht-linear sein.

Wir wollen die Implikationen beider Annahmen kurz skizzieren.

Zu 1.: Eine unendliche Menge von Produktionsprozessen läßt sich aus dem Fall endlicher Mengen (Aktivitätsanalyse) ableiten:

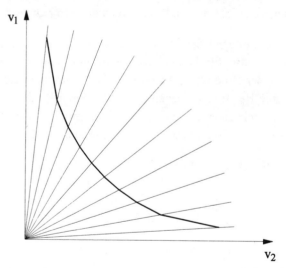

Abb. 16 - Isoquante in der neoklassischen Produktionstheorie

Je mehr Basisaktivitäten möglich sind, desto „glatter" werden die Isoquanten. Im Fall unendlicher Zahl hat die Isoquante keine Knickpunkte. Man kann dann sagen, daß die Produktionsfaktoren als beliebig substituierbar angesehen werden, d.h. jede beliebig kleine Einheit von v_1 läßt sich durch v_2 substituieren (und umgekehrt). Wir definieren - in formaler Analogie zur Konsumtheorie - die Grenzrate der Substitution (GRS) eines Faktors durch einen anderen, ohne daß der Output sich verändert, allgemein als:

$$\frac{dv_i}{dv_j} = \text{Grenzrate der Substitution von } v_i \text{ durch } v_j.$$

Wir erkennen, daß entlang der Isoquanten die GRS mit zunehmender Substitution abnimmt. In der Aktivitätsanalyse ist Substitution auch möglich, jedoch nicht jede beliebige, wenn man von einer Linearkombination zur anderen übergeht, weil jeder freigesetzte Faktor bei effizienter Produktion nur mit einer bestimmten Menge eines anderen Faktors kombiniert werden kann. Mithin wird durch die in der neoklassischen Produktionstheorie unterstellte beliebige Substituierbarkeit das in der Aktivitätsanalyse relevante Problem der Wahl des Produktionsprozesses auf das der Wahl einer Kombination von Produktionsfaktoren reduziert.

Zu 2.: Es wird neben der linearen auch nicht-lineare Technologie zugelassen. Zentral für die neoklassische Produktionstheorie ist hier der Begriff der Produktionsfunktion: Die Produktionsfunktion bezeichnet eine Relation zwischen substituierbaren Produktionsfaktoren und dem mit ihnen auf effiziente Weise produzierbaren Output. Sie kann bei zwei Faktoren wie folgt geschrieben werden:

$$(21) \quad x = x(v_1, v_2) \qquad \text{bzw.}$$
$$ \quad {}_{+} \quad {}_{+}$$

$$(22) \quad x = x(v) \qquad \text{mit } v = (v_1, v_2)$$
$$ \quad {}_{+}$$

Die speziellen Eigenschaften der Produktionsfunktion sind beschreibbar unter Verwendung des Begriffs der Homogenität (vgl. S. 19). Eine Produktionsfunktion ist homogen vom Grade r, wenn eine Erhöhung der Inputfaktoren um das λ-fache eine Erhöhung des Outputs um das λ^r-fache bewirkt:

$$(23) \quad \lambda^r x(v) = x(\lambda v_1, \lambda v_2) = x(\lambda v)$$

Es existieren drei theoretisch relevante Fälle:

r = 1: Der Output erhöht sich proportional zur Erhöhung des Niveaus der Inputfaktoren. Man sagt, daß konstante Skalenerträge vorliegen. Die Produktionsfunktion ist linear homogen.

r < 1: Die Outputerhöhung ist unterproportional, es liegen sinkende Skalenerträge vor. Die Produktionsfunktion ist unterlinear homogen.

r > 1: Die Outputerhöhung ist überproportional, es liegen steigende Skalenerträge vor. Die Produktionsfunktion ist überlinear homogen.

Die drei Fälle sind in Abb. 17 graphisch veranschaulicht.

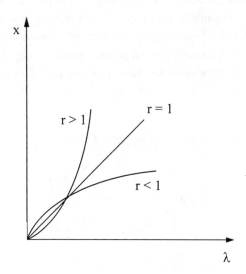

Abb. 17 - Ertragskurven bei alternativen Skalenerträgen

Die Abhängigkeit des Outputs vom Niveau der Inputs kann algebraisch formuliert werden:

(24) $x = x(\lambda)$

Für die drei Fälle ergibt sich:

(25) $\dfrac{dx}{d\lambda} > 0$ sowie

(26) $\dfrac{d^2x}{d\lambda^2}=0$ für r = 1, $\dfrac{d^2x}{d\lambda^2}>0$ für r > 1, $\dfrac{d^2x}{d\lambda^2}<0$ für r < 1

Der Ausdruck dx/dλ wird als Grenzprodukt in bezug auf das Produktionsniveau (Niveaugrenzprodukt) bezeichnet. Es gibt an, um wieviel die Produktion sich verändert, wenn das Faktoreinsatzniveau um eine Einheit variiert.

In der Literatur gibt es eine Debatte über die empirische Relevanz der drei Fälle. Da in der Natur alle Prozesse vermutlich linear homogen ablaufen (das gilt z.B. für alle chemischen Reaktionen), ist zu fragen, wie man in der Ökonomie über- bzw. unterlineare Prozesse erklären könnte. Die logisch konsistente Erklärung ist, daß nicht alle Faktoren und Produkte richtig spezifiziert werden, d.h. daß im Falle der steigenden Skalenerträge nicht sämtliche Faktoren und im Falle der sinkenden Skalenerträge nicht der gesamte Output erfaßt werden.[1] Konstante Skalenerträge (lineare Homogenität) bedeuten dann, daß sämtliche Faktoren und Produkte in der Produktionsfunktion vollständig spezifiziert sind.

Wie verlaufen die Isoquanten in den drei Fällen?

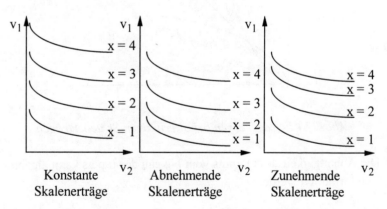

Abb. 18 - Isoquantenverläufe bei alternativen Skalenerträgen

Bei linearer Technologie sind die Isoquantenabstände immer gleich groß, bei abnehmenden Skalenerträgen nehmen sie mit zunehmender

---

[1]   Die neoklassische Produktionstheorie schließt steigende Skalenerträge grundsätzlich aus.

Entfernung vom Nullvektor zu, bei zunehmenden Skalenerträgen entsprechend ab. Der allgemeine Verlauf der Isoquanten - konvex zum Ursprung - impliziert die bereits genannte Annahme der abnehmenden GRS eines Produktionsfaktors durch den anderen.[1] Dahinter steckt die Annahme, daß es technisch immer schwieriger wird, den minder eingesetzten Faktor sukzessive durch den anderen zu ersetzen.

Aus der Produktionsfunktion (21) läßt sich das totale Differential bilden:

$$(27) \quad dx = \frac{\partial x}{\partial v_1} dv_1 + \frac{\partial x}{\partial v_2} dv_2,$$

woraus folgt:

$$(28) \quad \frac{dv_1}{dv_2} = -\frac{\frac{\partial x}{\partial v_2}}{\frac{\partial x}{\partial v_1}}$$

Eine Isoquante ist mithin der geometrische Ort für alle Punkte, in denen eine Übereinstimmung der Grenzrate der (Faktor-)Substitution mit dem umgekehrten Verhältnis der Faktorgrenzprodukte vorliegt.

Bisher haben wir den Ertragsverlauf untersucht, der sich ergibt, wenn sämtliche Produktionsfaktoren in der Produktionsfunktion proportional verändert werden (proportionale Faktorvariation, Niveauvariation). Wie sieht der Ertragsverlauf aber aus, wenn z.B. nur ein Faktor sich verändert bei Konstanz aller übrigen (partielle Faktorvariation)? In der Abb. 19 veranschaulichen wir die Fragestellung für den Fall, daß nur v_2 erhöht wird.

Man erkennt: Die Produktion steigt mit steigendem Input von v_2, aber sie steigt mit abnehmender Rate. Wir können deshalb schreiben:

$$(29) \quad \frac{\partial x}{\partial v_2} > 0, \quad \frac{\partial^2 x}{\partial v_2^2} < 0$$

---

[1] Vgl. die formale Analogie zum Verlauf der Indifferenzkurven in der Konsumtheorie des Haushalts.

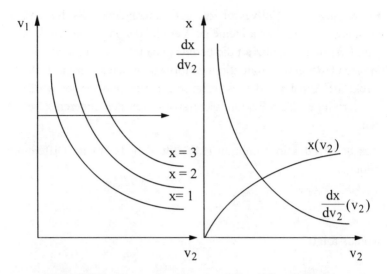

Abb. 19 - Ertragsverlauf bei partieller Faktorvariation

Den Ausdruck $\partial x / \partial v_2$ nennen wir das Grenzprodukt des Faktors v_2 (entsprechend ist $\partial x / \partial v_1$ das Grenzprodukt des Faktors v_1). Das Grenzprodukt eines Faktors gibt an, um wieviel die Produktion sich verändert, wenn der Faktoreinsatz um eine Einheit variiert.

2.3 Wahl des Produktionsprozesses

Wir gehen zurück zu den Annahmen der Aktivitätsanalyse und fragen nun danach, welche von den technisch möglichen Produktionsalternativen wir auswählen. Dabei gehen wir davon aus, daß die Unternehmung eine finanzielle Restriktion (Kostensumme) hat, die den Kauf von v_1 und v_2 beschränkt. Bei gegebenen Faktorpreisen q_1 und q_2 gilt für die Kostensumme K:

$$(30) \qquad K = v_1 q_1 + v_2 q_2 \, ,$$

woraus folgt:

$$(31) \qquad v_1 = \frac{K}{q_1} - \frac{q_2}{q_1} v_2$$

Kosten sind als im Produktionsprozeß entstandener Güterverzehr zu verstehen. Wir integrieren Gleichung (31) in die Abb. 20 (mit 3 Prozessen) und erhalten z.b. folgende Abbildungen:

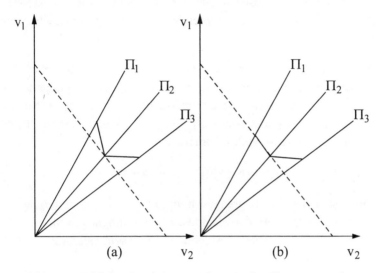

(a)   (b)

Abb. 20 - Wahl des Produktionsprozesses bei Kostenrestriktion

Im Fall (a) ist die Lösung eindeutig: Es wird mit π_2 produziert. Im Fall (b) gilt es keine eindeutige Lösung, denn sowohl π_1 als auch π_2 als auch alle Linearkombinationen von π_1 und π_2 kommen in Frage.

2.4 Kostenfunktionen

Gehen wir wieder über zur neoklassischen Produktionstheorie (unendliche Anzahl von Prozessen), so stoßen wir auf den Begriff der Kostenfunktion, die aus der Produktionsfunktion abgeleitet wird. Bevor wir diese ableiten, sei die grundsätzliche Handlungsmaxime bei der Gestaltung kostenminimierender Produktion aufgezeigt. Sie lautet: Wähle die für eine gegebene Outputquantität kostenminimale Produktion bzw. wähle die mit einer gegebenen Kostensumme maximal erreichbare Outputquantität.

Algebraisch ist die Lösung für eine gegebene Kostensumme $\bar{K}$ über Gleichung (31) abzuleiten:

$$(32) \quad v_1 = \frac{\overline{K}}{q_1} - \frac{q_2}{q_1} v_2$$

(32) ist die sog. Isokostengerade. Sie gibt alle v_1,v_2-Kombinationen an, die bei gegebenen Faktorpreisen eine konstante Kostensumme erfüllen.

Das Problem der Maximierung der Produktion bei gegebener Kostensumme läßt sich mit Hilfe des sog. Lagrange-Verfahrens lösen, indem wir die zu maximierende Produktionsfunktion mit der Nebenbedingung der Isokostengerade in folgender Weise verbinden und eine sog. Lagrange-Funktion[1] erhalten:

$$(33) \quad L = x(v_1,v_2) + \sigma(\overline{K} - v_1 q_1 - v_2 q_2) \Rightarrow \text{max!}$$

Dabei ist σ der sog. Lagrange-Multiplikator. Die Maximierung der L-Funktion impliziert, daß als notwendige Bedingungen für ein Maximum die ersten partiellen Ableitungen Null sein müssen[2]:

$$(34) \quad \begin{array}{ll} \text{(a)} & \dfrac{\partial L}{\partial v_1} = \dfrac{\partial x}{\partial v_1} - \sigma q_1 = 0 \\[2mm] \text{(b)} & \dfrac{\partial L}{\partial v_2} = \dfrac{\partial x}{\partial v_2} - \sigma q_2 = 0 \\[2mm] \text{(c)} & \dfrac{\partial L}{\partial \sigma} = \overline{K} - v_1 q_1 - v_1 q_2 = 0 \end{array}$$

Aus (a) und (b) folgt:

$$(35) \quad \frac{\dfrac{\partial x}{\partial v_1}}{\dfrac{\partial x}{\partial v_2}} = \frac{q_1}{q_2}$$

Gleichung (35) repräsentiert die Minimalkostenkombination, die besagt, daß bei kostenminimaler Produktion das Verhältnis der Faktor-

---

[1] Der Lagrange-Ansatz kann hier nicht näher analysiert werden. Zur ausführlicheren Würdigung des Verfahrens kann jedes Mathematikbuch für Wirtschaftswissenschaften herangezogen werden.

[2] Die hinreichenden Bedingungen - zweite partielle Ableitungen kleiner Null - werden als erfüllt angesehen.

preise dem Verhältnis der Grenzprodukte der Faktoren entspricht. In Verbindung mit Gleichung (28) folgt aus (35) auch

$$(36) \quad \left|\frac{dv_1}{dv_2}\right| = \frac{q_2}{q_1}.$$

Die Grenzrate der (Faktor-)Substitution entspricht mithin im Kostenminimum dem umgekehrten Faktorpreisverhältnis.

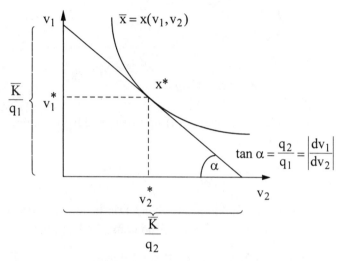

Abb. 21 - Optimaler Faktoreinsatz

Graphisch ist das in Abb.21 dargestellt: Der optimale Faktoreinsatz v_1^* und v_2^* ist also dort gegeben, wo die Isokostengerade eine Isoquante tangiert.

Bei alternativen Isokostengeraden (aufgrund unterschiedlich hoher Kostensummen) ergibt sich folgendes Bild (vgl. Abb. 22):

Die Linie OABCD kennzeichnet den geometrischen Ort aller Minimalkostenkombinationen und wird als Minimalkostenlinie (Expansionsweg) bezeichnet. Sie ist die Basis für die Ableitung von Kostenfunktionen, denn sie zeigt den Zusammenhang auf zwischen

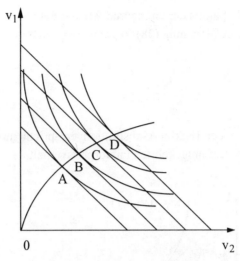

Abb. 22 - Minimalkostenlinie

alternativen Produktionsmengen (x) und den jeweiligen minimalen Produktionskosten (K):

$$(37) \quad K = K(x)$$
$$+$$

Wie kann die Kostenfunktion aussehen? Das hängt offensichtlich davon ab, welche Eigenschaften die Produktionsfunktion hat.

Konstante Skalenerträge (r = 1): Da die Isoquanten stets dieselben Abstände mit zunehmendem Produktionsniveau haben, gibt es ein proportionales Verhältnis zwischen Output und Kosten, die Kostenfunktion verläuft linear.

Abnehmende Skalenerträge (r < 1): Da die Isoquantenabstände mit zunehmender Produktmenge zunehmen, bewirkt eine gleiche Erhöhung des Faktoreinsatzes und damit der Kosten einen unterlinear steigenden Output.

Zunehmende Skalenerträge (r > 1; der Vollständigkeit halber, obwohl die neoklassische Produktionstheorie diesen Fall ausschließt): Die Isoquantenabstände nehmen mit zunehmender Produktion ab, d.h. bei gleicher Erhöhung der Kosten nimmt der Output überlinear zu.

Die drei Fälle der Kostenfunktionen sind in Abb. 23 aufgezeigt.

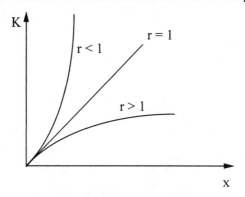

Abb. 23 - Kostenfunktionen

In der Literatur werden auch Kostenverläufe diskutiert, die auf der Grundlage bereichsweise unterschiedlicher Veränderungen der Isoquantenabstände beruhen, d.h. die bereichsweise zu- oder abnehmen oder konstant bleiben. Aus dem bisher Gesagten könnte dieser Verlauf mit bereichsweise unterschiedlichen (Fehl-)Spezifikationen von Inputs und Outputs zu erklären versucht werden.

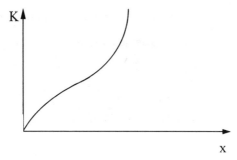

Abb. 24 - Kostenfunktion bei bereichsweise unterschiedlichen Skalenerträgen

Dieser Verlauf wird in der Literatur vielfach als „typischer" Kostenverlauf klassifiziert: Der zunächst degressive und dann progressive Verlauf unterstellt mithin zunächst zunehmende und dann abnehmende Skalenerträge.

Auf Basis der abgeleiteten Kostenfunktionen läßt sich eine Reihe spezieller Kostenfunktionen ableiten, was für den „typischen" Kostenverlauf demonstriert werden soll.

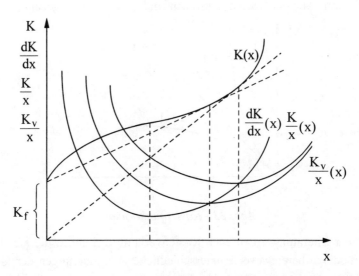

Abb. 25 - Spezielle Kostenverläufe

Dabei sind folgende Begriffserklärungen nötig:

$$K = K_v + K_f:$$

K = totale Kosten (Gesamtkosten)

K_v = variable Kosten

K_f = fixe Kosten

$\dfrac{K}{x} = \dfrac{K_v + K_f}{x}:$ Durchschnittliche totale Kosten

$\dfrac{K_v}{x}:$ Durchschnittliche variable Kosten

$\dfrac{K_f}{x}:$ Durchschnittliche fixe Kosten

$\dfrac{dK}{dx}:$ Grenzkosten

Die Grenzkosten geben an, um wieviel die Kosten sich verändern, wenn die Produktion um eine Einheit variiert.

2.5 Der optimale Produktionsplan

Bisher ist nur die Produktionsseite der Unternehmung analysiert worden: Das Effizienzkriterium war kostenminimale Produktion. Wenn wir zudem fragen, ob diese Produktion auch absetzbar ist, dann erweitert sich die Sicht. Das Effizienzkriterium der kostenminimalen Produktion ist im Hinblick auf das Absatzproblem zu erweitern. Wir gelangen damit zum Kriterium der Maximierung des Gewinns der Unternehmung. Gewinnmaximierung ist als theoretische Zielsetzung zu verstehen unabhängig davon, welche empirische Gültigkeit sie besitzt. Mithin können wir schreiben

$$(38) \qquad G(x) = E(x) - K(x) \Rightarrow max!$$

mit G als Gewinn und E als Erlös (Umsatz) der Unternehmung.

Unter der Voraussetzung, daß die Faktorpreise für die Unternehmung ein Datum sind und daß sie nur ein Produkt herstellt (Einproduktunternehmung), dessen Preis ebenfalls für die Unternehmung als gegeben hinzunehmen ist, kann sich die Unternehmung nur mit den Mengen anpassen (Mengenanpasserverhalten): mit der Produktionsmenge und den zu ihrer Erstellung notwendigen Faktoren.

Die Lösung des Gewinnmaximierungsproblems impliziert auf Basis von Gleichung (38) als notwendige Bedingung

$$(39) \qquad \frac{dG}{dx} = \frac{dE}{dx} - \frac{dK}{dx} = 0,$$

d.h.

$$(40) \qquad \frac{dE}{dx} = \frac{dK}{dx}.$$

Im Gewinnmaximum sind die Grenzkosten gleich dem Grenzerlös (dE/dx), der - in Analogie zu allen „Grenz"-Definitionen - angibt, um wieviel der Erlös sich verändert, wenn der Absatz um eine Einheit variiert. Da der Erlös definiert ist als

$$(41) \qquad E = p \cdot x,$$

gilt für den Grenzerlös mithin

(42) $\dfrac{dE}{dx} = p,$

und damit wird (40) zu

(43) $p = \dfrac{dK}{dx}.$

Bei gegebenem Produktpreis liegt das Gewinnmaximum also dort, wo die Grenzkosten dem Preis gleich sind.

Die hinreichende Bedingung für ein Gewinnmaximum bedeutet:

(44) $\dfrac{d^2G}{dx^2} < 0, \ \text{d.h.} \ \dfrac{d^2E}{dE^2} < \dfrac{d^2K}{dK^2}$

Die Steigung der Grenzerlöskurve muß also kleiner als die der Grenzkostenkurve sein. Da der Grenzerlös im Fall des Mengenanpassers aber dem Produktpreis entspricht, der Grenzerlös also konstant ist, ist die Steigung der Grenzerlöskurve gleich Null. Demnach muß die Steigung der Grenzkostenkurve gemäß (44) positiv sein. Daraus kann gefolgert werden, daß ein Gewinnmaximum nur auf dem steigenden Ast der Grenzkostenkurve vorliegt. Wir veranschaulichen diesen Sachverhalt anhand des „typischen" Kostenverlaufs (vgl. Abb. 26).

Die gewinnmaximale Ausbringungsmenge ist x*, wenn der Preis $\bar{p}$ gilt. Sinkt er z.B. auf p_ℓ, dann wird x_ℓ produziert, allerdings macht die Unternehmung keinen Gewinn (bzw. nur einen „Normalgewinn" als „Unternehmerlohn"), weil der Preis gerade den totalen Durchschnittskosten entspricht.

Wenn der Preis längerfristig unter dieses Niveau fällt, sollte die Unternehmung die Produktion einstellen. Deshalb wird p_ℓ auch als langfristige Preisuntergrenze bezeichnet. p_k ist die kurzfristige Preisuntergrenze, weil Preise unterhalb von p_k nicht einmal mehr die variablen Kosten decken, so daß es dann vorteilhaft ist, die Produktion kurzfristig einzustellen.

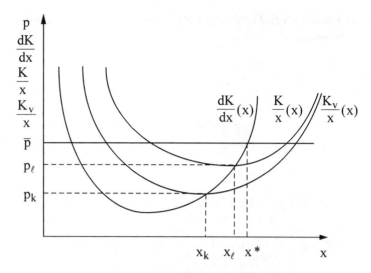

*Abb. 26 - Preise und Produktionsmengen bei
Mengenanpasserverhalten*

2.6 Faktornachfragefunktionen

Bisher haben wir die Gewinngleichung in Abhängigkeit von der
Ausbringungsmenge (x) abgeleitet. Die in (21) bzw. (22)
aufgezeigte Produktionsfunktion macht deutlich, daß der Gewinn
auch als Funktion der eingesetzten Faktormengen geschrieben
werden kann. Die Gewinnmaximierungsgleichung lautet dann:

$$(45) \quad G(v_1,v_2) = px(v_1,v_2) - K(v_1,v_2) \Rightarrow max!$$

Als notwendige Gewinnmaximierungsbedingung müssen die ersten
partiellen Ableitungen Null sein:[1]

$$(46) \quad \begin{array}{l} (a) \quad \dfrac{\partial G}{\partial v_1} = p\dfrac{\partial x}{\partial v_1} - \dfrac{\partial K}{\partial v_1} = 0 \\[4mm] (b) \quad \dfrac{\partial G}{\partial v_2} = p\dfrac{\partial x}{\partial v_2} - \dfrac{\partial K}{\partial v_2} = 0 \end{array}$$

---

[1] Die hinreichenden Bedingungen - zweite partielle Ableitungen kleiner Null - werden als
erfüllt angesehen.

Da die Kosten - vgl. Gleichung (30) - als $K = v_1 q_1 + v_2 q_2$ definiert sind, gilt mithin:

(47) $\dfrac{\partial K}{\partial v_1} = q_1$ und $\dfrac{\partial K}{\partial v_2} = q_2$

Die Grenzkosten in bezug auf die beiden Faktoren ($\partial K / \partial v_1$ bzw. $\partial K / \partial v_2$) entsprechen jeweils deren Faktorpreis. Damit erhält man aus (46):

(48)
$$\text{(a)} \quad q_1 = p \frac{\partial x}{\partial v_1} \quad \text{bzw.} \quad \frac{q_1}{p} = \frac{\partial x}{\partial v_1}$$
$$\text{(b)} \quad q_2 = p \frac{\partial x}{\partial v_2} \quad \text{bzw.} \quad \frac{q_2}{p} = \frac{\partial x}{\partial v_2}$$

Im Gewinnmaximum ist also der Faktorpreis auch gleich dem Wert des Grenzprodukts dieses Faktors bzw. der Realwert des Faktorpreises (q_1/p bzw. q_2/p) entspricht dem (physischen) Grenzprodukt des Faktors. Dies ist der Inhalt der sog. Grenzproduktivitätstheorie der Faktorentlohnung.

Mit der Grenzproduktivitätskurve (Grenzertragskurve) eines Faktors ist mithin auch die Nachfragekurve für diesen Faktor abgeleitet. Wir haben diese Kurve in Abb. 19 (rechte Graphik) für den Faktor v_2 bereits dargestellt (dx/dv_2 (v_2)), analog gilt sie auch für v_1.

Identifizieren wir v_1 und v_2 als die Faktoren (Sach-)Kapital und Arbeit, dann sind $\partial x / \partial v_1$ die Grenzproduktivität des Kapitals (Kapitalproduktivität) und die der Arbeit $\partial x / \partial v_2$ (Arbeitsproduktivität). Da der Lohnsatz (w) die Faktorkosten für v_2 darstellt, gilt dann im Gewinnmaximum für den Faktor Arbeit

(49) $\dfrac{w}{p} = \dfrac{\partial x}{\partial v_2}$,

d.h. der Reallohn entspricht dem Grenzprodukt der Arbeit. Auf Basis von Abb. 19 ergibt sich für die Arbeitsnachfragefunktion der Unternehmung für den Faktor i damit folgendes allgemeine Bild:

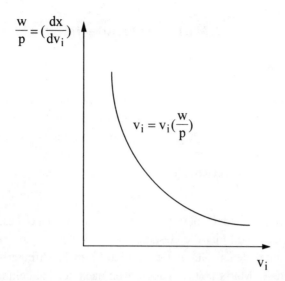

Abb. 27 - Arbeitsnachfragefunktion einer Unternehmung

Damit kann die Arbeitsnachfragefunktion für den Faktor i - bei gegebener (Sach-) Kapitalausstattung der Unternehmung - geschrieben werden als:

$$(50) \qquad v_i = v_i(\underset{-}{\frac{w}{p}})$$

3. Markt- und Preistheorie

3.1 Der Markt

Nachdem wir die einzelwirtschaftlichen Theorien des Haushalts und der Unternehmung in ihren Grundlagen aufgezeigt haben, wenden wir uns nunmehr im Rahmen der mikroökonomischen Theorie explizit dem ökonomischen Geschehen auf Märkten zu, wobei die Preisbildung auf verschieden strukturierten Märkten im Vordergrund steht.

Ein Markt ist der ökonomische Ort des Tausches. Unter „ökonomisch" soll hier die Gesamtheit der Bedingungen verstanden werden, unter denen Güter von Anbietern an Nachfrager verkauft werden. Jeder Markt läßt sich abgrenzen nach den handelnden Wirtschaftssubjekten (Haushalte, Unternehmungen, Staat) sowie nach dem gehandelten Gut (Sachgut, Dienstleistung, Forderung). Ein Gut ist generell definiert durch die physische Beschaffenheit, den Zeitpunkt bzw. die Periode der Verfügbarkeit und den Ort der Verfügbarkeit. Dementsprechend lassen sich die Märkte in eine Vielzahl von sog. Elementarmärkten einteilen. Eine Marktwirtschaft ist dann als ein System von - mehr oder weniger interdependenten - Elementarmärkten aufzufassen.

Eine andere Charakterisierung von Märkten stellt auf deren quantitative und qualitative Beschaffenheit ab. Quantitativ läßt sich die Morphologie eines Marktes durch die Anzahl der Anbieter und Nachfrager beschreiben, wie dies in folgender Tabelle aufgezeigt wird:

Tabelle 2 - Marktformen

Anbieter \ Nachfrager	einer	wenige	viele
einer	Bilaterales Monopol	Beschränktes Monopol	Monopol
wenige	Beschränktes Oligopol	Bilaterales Oligopol	Oligopol
viele	Monopson	Oligopson	(Bilaterales) Polypol

Diese Klassifizierung der Marktformen ist zu ergänzen, indem etwas über das Verhalten der Marktteilnehmer ausgesagt wird. Entscheidend hierbei ist der Begriff des Wettbewerbs. Auf einem Markt herrscht Wettbewerb, wenn zwischen Wirtschaftseinheiten eine parametrische Interdependenz in Verbindung mit Rivalität vorliegt. Parametrische Interdependenz heißt gegenseitige Abhängigkeit in den Aktionsparametern der Marktteilnehmer (Preise, Produktqualitäten, Werbung, Lieferbedingungen usw.). Rivalität bedeutet, daß keine Absprachen, kein aufeinander abgestimmtes Verhalten usw. der Marktteilnehmer vorliegen. Die einzelnen in Tabelle 2 aufgezeigten Marktformen unterscheiden sich im allgemeinen hinsichtlich der Intensität des Wettbewerbs, denen die Marktteilnehmer ausgesetzt sind.

In bezug auf die qualitative Beschaffenheit eines Marktes wird zwischen Vollkommenheit und Unvollkommenheit unterschieden. Ein Markt wird als vollkommen bezeichnet, wenn drei Bedingungen erfüllt sind.

1. Es darf weder auf der Angebots- noch auf der Nachfrageseite persönliche, räumliche oder sachliche Präferenzen geben. Man sagt auch, daß das gehandelte Gut im Urteil der Marktteilnehmer homogen sein muß.

2. Anbieter und Nachfrager müssen „zahlreich" sein, d.h. es gibt sehr viele Marktteilnehmer, die alle einen verschwindend kleinen Marktanteil haben, so daß kein einzelner Marktteilnehmer den Marktpreis beeinflussen kann. Man spricht von atomistischer Marktstruktur[1].

3. Auf der Angebots- und Nachfrageseite muß vollständige Markttransparenz herrschen, d.h. die Marktteilnehmer müssen über Preise, Qualitäten usw. vollständig informiert sein.

Bei rationalem Verhalten der Marktteilnehmer bewirkt die Erfüllung aller drei Bedingungen, daß es auf einem vollkommenen Markt nur einen einzigen Preis für das homogene Gut geben kann. Man spricht auch von der Unterschiedslosigkeit der Preise.

---

[1] In Tabelle 2 entspräche das dem (bilateralen) Polypol.

Sind von den drei Bedingungen einzelne oder alle nicht erfüllt, so handelt es sich um einen unvollkommenen Markt. Die meisten Märkte in der Realität sind mehr oder weniger unvollkommen.

3.2 Vollkommener Wettbewerb

Bei vollkommenem Wettbewerb gibt es nur einen einheitlichen Marktpreis, und dieser ist für alle Marktteilnehmer ein Datum. Für die Anbieter bedeutet das, daß sie als Mengenanpasser ihre Angebotsmengen an dem steigenden Ast ihrer Grenzkostenkurven ausrichten (vgl. S. 50).

Die Gesamtangebotskurve auf dem Markt ergibt sich damit als (horizontale, d.h. über die Mengenachse vorgenommene) Aggregation aller individuellen Grenzkostenkurven (steigender Ast) der Unternehmungen. Analog kommt die Gesamtnachfragekurve des Marktes durch (horizontale) Aggregation der individuellen Nachfragefunktionen der Haushalte zustande. Im Normalfall läßt sich die Angebots-Nachfrage-Konstellation auf einem Markt bei vollkommenem Wettbewerb mithin wie folgt darstellen:

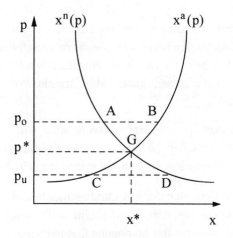

Abb. 28 - Gleichgewicht und Ungleichgewicht bei vollkommenem Wettbewerb

Dabei sind $x^n(p)$ und $x^a(p)$ die Nachfrage- bzw. Angebotsfunktion. Im Punkt G, wo sie sich schneiden, besteht Marktgleichgewicht. Deshalb sind p^* und x^* der Gleichgewichtspreis bzw. die Gleichgewichtsmenge. Im Sinne unserer Gleichgewichtsdefinition (vgl. Kap. II, S. 6ff.) befindet sich der Markt hier in einer Ruhelage, weil die Wirtschaftspläne der Anbieter und Nachfrager miteinander kompatibel sind.

Bei allen von p^* abweichenden Preisen besteht ein Marktungleichgewicht. So existiert bei p_0 ein Ungleichgewicht in Form eines Angebotsmengenüberschusses in Höhe von AB, bei p_u ein Nachfragemengenüberschuß in Höhe von CD. Bei vollkommenem Wettbewerb kann es diese Ungleichgewichte nicht - oder allenfalls nur kurzfristig - geben. Denn jeder Anbieter, der einen oberhalb von p^* liegenden Preis verlangen würde, verlöre sämtliche Kunden, und bei einem unterhalb von p^* liegenden Preis zöge er die Gesamtnachfrage des Marktes auf sich, die er jedoch nur zum höheren Gleichgewichtspreis befriedigen würde, wenn er rationales (Gewinnmaximierungs-)Verhalten praktiziert. Im Sinne unserer im Kap. II (S. 8f.) aufgezeigten Stabilitätsdefinition ist dieses Gleichgewicht mithin stabil. Aus diesen Überlegungen heraus kann man sagen, daß es auf einem vollkommenen Wettbewerbsmarkt stets einen Preismechanismus gibt, der den Ausgleich von Angebot und Nachfrage herstellt.[1]

Ändert sich die Angebots-Nachfrage-Konstellation auf dem Markt, so gewährleistet dieser Preismechanismus, daß sich ein neues Gleichgewicht einstellt.

Abb. 29 (a) zeigt, daß wenn die Nachfrage steigt (Verschiebung der Nachfragefunktion nach Nordosten), Preis und Absatzmenge steigen, und wenn die Nachfrage sinkt (Verschiebung nach Südwesten), Preis und Menge sinken. Analoge Überlegungen gelten für eine Angebotsfunktionsverschiebung (Abb. 29 (b)): Erhöht sich das

---

[1] In der Literatur hat es verschiedene Versuche gegeben, den Mechanismus, der zum Marktgleichgewicht führt, genauer zu beschreiben. Die wohl berühmteste Idee stammt von Léon Walras (1874), der von einem „tâtonnement" ausging, einem Prozeß des allmählichen Herantastens der Marktteilnehmer an den Gleichgewichtspreis auf der Basis von Preisen, die ein Auktionator so lange ausruft, bis der Angebot und Nachfrage ausgleichende Preis erreicht ist.

Angebot, so sinkt der Preis und steigt die Absatzmenge; verringert es sich, steigt der Preis und sinkt die Absatzmenge.

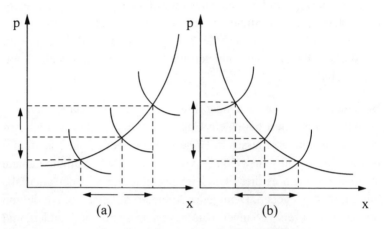

Abb. 29 - Verschiedene Marktgleichgewichte

Dieser Mechanismus eines vollkommenen Wettbewerbsmarktes lag vor allem den Vorstellungen der ökonomischen Klassiker über die Funktionsweise von Märkten zugrunde. Insbesondere war es der schottische Nationalökonom Adam Smith (1723-1790), der herausstellte, daß vollkommene Wettbewerbsmärkte ein für die Gesellschaft optimales Ergebnis hervorbringen. Er entwarf das Bild einer „unsichtbaren Hand", die dafür sorgt, daß das individuelle Eigennutzstreben der Wirtschaftseinheiten über den Wettbewerbsmechanismus des Marktes in ein gesellschaftliches Optimum transformiert wird. Allerdings hatten Smith und die englischen Klassiker (fast) ausschließlich die Angebotsseite (also Produktionskosten) des Marktes im Auge, während später die sog. Grenznutzenschule vor allem die Nachfrageseite (also Nutzenvorstellungen) als für die Preisbildung entscheidend betrachtete. Es war der englische Nationalökonom Alfred Marshall (1842-1924), dem in der in Abb. 28 dargestellten Form eine Synthese beider Ansätze gelungen ist: Preise werden sowohl durch Kosten der Anbieter als auch durch Nutzenvorstellungen der Nachfrager bestimmt.

Dies gilt allerdings nur, wenn der Preismechanismus frei flexibel wirken kann, d.h. wenn kein Eingriff von außen - z.B. vom Staat -

erfolgt, der die Preisflexibilität einschränkt oder gar völlig beseitigt. Würde der Staat z.b. Höchstpreise oder Mindestpreise vorschreiben, dann produziert er Marktungleichgewichte, wenn diese Preise nicht dem Gleichgewichtspreis entsprechen:

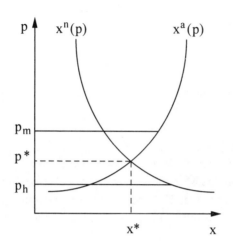

Abb. 30 - Höchst- und Mindestpreis

Ist p_m der Mindestpreis, der nicht unterschritten werden darf (z.b. Landwirtschaft), so existiert ein Angebotsüberschuß auf dem Markt, bei p_h als Höchstpreis (z.b. Mieten) herrscht eine Überschußnachfrage. In beiden Fällen muß der Staat ein Rationierungsverfahren anwenden, das die Überschußmengen des Angebots bzw. der Nachfrage auf die jeweils „kürzere" Seite des Marktes verteilt. Bei einem Nachfrageüberschuß kann dies z.b. geschehen durch eine (gleichmäßige) Zuteilung des Angebots über die Ausgabe von Bezugsscheinen, durch das Windhundprinzip („wer zuerst kommt, mahlt zuerst") oder auch durch das Zufallsprinzip (Auslosung). Deutlich wird, daß die Außerkraftsetzung des Preismechanismus als einem Prinzip der Preisrationierung die Notwendigkeit der Einführung eines Mengenrationierungsprinzips nach sich zieht.[1] Darüber hinaus ist empirisch beobachtbar, daß staatliche Höchst- und Mindestpreise

---

[1] Da der Staat sowohl Höchst- als auch Mindespreise zumeist aus „sozialen" Gründen vorschreibt, wäre es rational zu prüfen, ob die dann notwendig werdenden Mengenrationierungsverfahren die vorgegebene „soziale" Meßlatte erfüllen.

die Tendenz zur Bildung von Schwarzmärkten fördert, auf denen der Preismechanismus wiederum seine Rationierungsfunktion erfüllt.

Vollkommene Wettbewerbsmärkte gibt es in der Realität kaum. Allerdings kommen Börsen, auf denen Preise im Auktionsverfahren festgesetzt werden, dieser Marktform ziemlich nahe. Auf den meisten anderen Märkten dagegen herrscht unvollkommener Wettbewerb.

3.3 Unvollkommener Wettbewerb

3.3.1 Monopol

Das extreme Gegenstück zum vollkommenen Wettbewerbsmarkt ist die Marktform des Monopols. Wir sagen, daß ein Monopol vorliegt, wenn der Absatz einer Unternehmung (fühlbar) nur von ihren eigenen marktstrategischen Variablen (z.B. Preis) abhängt, nicht dagegen von denen anderer Anbieter.

Die Theorie des Monopols, die in ihren Grundzügen von dem französischen Mathematiker Auguste Cournot (1838) entwickelt wurde, kann als eines der theoretisch gesichertsten Lehrbuchstücke angesehen werden.

Im Monopolmarkt ist die Gesamtnachfrage des Marktes gleichzeitig auch die für den Monopolisten, sie stellt seine Preis-Absatz-Funktion (PAF) dar:

$$(51) \quad \underline{x} = x(p) \text{ bzw. } p = p(\underline{x})$$

Unter der Zielsetzung der Gewinnmaximierung ergibt sich:

$$(52) \quad G(x) = E(x) - K(x) = p(x) \cdot x - K(x) \Rightarrow \max!$$

Das Gewinnmaximum ist gegeben, wenn als notwendige Bedingung die erste Ableitung der G(x)-Funktion gleich Null gesetzt wird und die zweite Ableitung negativ ist:[1]

---

[1]   Wir gehen wieder davon aus, daß diese hinreichende Bedingung erfüllt ist.

(53) $\dfrac{dG}{dx}(x) = 0,$

d.h.

(54) $\dfrac{dE}{dx}(x) = \dfrac{dK}{dx}(x).$

Der Grenzerlös muß also den Grenzkosten des Monopolisten gleich sein. Für den Grenzerlös kann man aufgrund von $E = p(x) \cdot x$ auch schreiben:

(55) $\dfrac{dE}{dx} = \dfrac{dp}{dx} x + p$

Da der Ausdruck dp/dx negativ ist, heißt dies, daß der Grenzerlös des Monopolisten stets kleiner ist als der Preis. Es bedeutet, daß die Grenzerlöskurve unterhalb der PAF verläuft. Für den Fall einer linearen PAF ergibt sich folgendes Bild[1]:

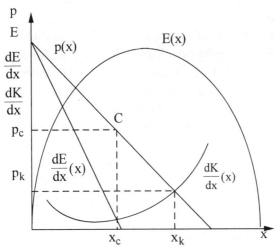

Abb. 31 - Gewinnmaximale Preis-Mengen-Kombination eines Monopolisten

---

[1] Wie Abb. 31 zeigt, schneidet die Grenzerlöskurve die Abszisse beim halben Abszissenabschnitt der PAF. Dies läßt sich algebraisch herleiten, wenn man z.b. von folgender PAF ausgeht: $p = a\text{-}bx$. Dann ist die Erlösfunktion: $E = ax\text{-}bx^2$ und die Grenzerlösfunktion: $dE/dx = a\text{-}2bx$. Die x-Achsenabschnitte sind also für die PAF (bei $p = 0$): $x = a/b$, für die Grenzerlösfunktion (bei $dE/dx = 0$): $x = a/2b$.

Der Schnittpunkt von Grenzerlös- und Grenzkostenfunktion führt auf der PAF zum gewinnmaximalen Preis p_c, dem die Absatzmenge x_c entspricht. Der Punkt C wird als Cournot-Punkt bezeichnet im Anschluß an diese von Cournot bereits 1838 aufgezeigte Monopollösung.

Man erkennt nun folgendes: Würde sich der Monopolist als Mengenanpasser gemäß der Bedingung bei vollkommenem Wettbewerb: Preis = Grenzkosten verhalten, dann wäre der Preis p_k und die Absatzmenge x_k. Der Monopolpreis ist also höher und die Absatzmenge kleiner als bei vollkommenem Wettbewerb. Daraus ist verschiedentlich eine negative Einstellung zum Monopol abgeleitet worden, weil der Verbraucher offensichtlich schlechter versorgt wird: Er muß für eine geringere Menge einen höheren Preis bezahlen.

Dieses Argument trifft zu, wenn die Grenzkostenverläufe in beiden Marktformen identisch sind. Nicht in jedem Fall ist dies jedoch zwingend, so etwa dann nicht, wenn der Monopolist durch größere Produktionsmengen, intensivere Forschung, günstigere Rabatte bei Materialeinkäufen usw. niedrigere Grenzkosten hat als die vielen kleinen Anbieter bei vollkommenem Wettbewerb. Zudem ist zu beachten, daß auch der Monopolist in aller Regel keineswegs konkurrenzlos ist. Denn hohe Monopolgewinne können andere Unternehmungen anreizen, mit dem gleichen oder ähnlichen Produkt (nahes Substitut) auf den Markt zu drängen. Selbst wenn dies faktisch nicht geschehen ist, muß der Monopolist diese Möglichkeit stets ins Kalkül ziehen, d.h. er muß seinen Markt als durch potentielle Konkurrenten bestreitbar betrachten (contestable market). Dies setzt allerdings voraus, daß es keine Marktzugangsbarrieren gibt. Die Offenheit von Märkten, so zeigt sich also, begrenzt durch potentielle Konkurrenz die Macht des Monopolisten. Dies ist die Kernaussage der Theorie bestreitbarer Märkte.

Wenn ein Monopolist Preissetzungsmacht besitzt, so könnte er prinzipiell in der Lage sein, seine Preise zu differenzieren. Es leuchtet ein, daß sein Gewinn höher wäre, wenn er nicht für alle Nachfrager denselben Cournot-Preis fixiert, sondern gemäß seiner PAF als einer Funktion, die die Zahlungsbereitschaft der Nachfrager in Abhängigkeit von der nachgefragten Menge dokumentiert, unterschiedliche

Preise festsetzt. Da die PAF anzeigt, daß die Nachfrager bereit sind, für die erste Gütereinheit mehr zu bezahlen als für die zweite und für die zweite mehr als für die dritte usw., würde ein Monopolist den höchsten Gewinn machen, wenn er eine totale Preisdifferenzierung entsprechend der individuellen Zahlungsbereitschaft der Nachfrager vornähme. Setzt er allerdings für alle denselben Preis fest, dann verzichtet er auf diese Möglichkeit, indem er auch denjenigen Nachfragern den Preis in Rechnung stellt, die einen höheren Preis zu zahlen bereit wären.

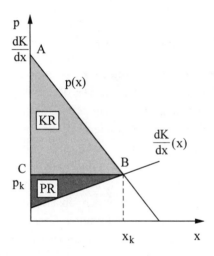

Abb. 32 - Konsumenten- und Produzentenrente

Wir kommen damit zum Begriff der Konsumentenrente (KR). Die Konsumentenrente ist die Differenz zwischen der Ausgabe, die ein Nachfrager bereit ist zu tätigen, und der tatsächlich getätigten Ausgabe. Demgemäß entspricht die gesamte Konsumentenrente aller Nachfrager dem in Abb. 32 aufgezeigten Flächeninhalt des Dreiecks ABC. Algebraisch ist die KR damit definiert als:

$$(56) \quad KR = \int_0^{x_k} p(x)dx - p_k x_k$$

Analog läßt sich die Produzentenrente (PR) definieren: Sie ist die Differenz zwischen dem tatsächlichen Erlös und dem Erlös, mit dem der Produzent entsprechend seiner Angebotskurve (= Grenzkostenkurve) zufrieden wäre. Mithin repräsentiert der Flächeninhalt des Dreiecks BCD die PR. Algebraisch läßt sie sich als

$$(57) \quad PR = p_k x_k - \int_0^{x_k} \frac{dK}{dx}(x)dx$$

berechnen.

Das Konzept der Konsumenten- und Produzentenrente spielt in der ökonomischen Theorie für die Abschätzung der Wohlstands- und Umverteilungswirkungen von Preisänderungen eine Rolle.

3.3.2 Monopolistische Konkurrenz

Sowohl der vollkommene Wettbewerb als auch die Marktform des Monopols sind Extremfälle, die in der Realität kaum anzutreffen sind. Wirklichkeitsnäher ist die monopolistische Konkurrenz: Es gibt eine Vielzahl von Anbietern (wie bei vollkommenem Wettbewerb), aber diese haben einen preispolitischen Spielraum (wie beim Monopol). Die Erklärung dafür ist, daß jeder Anbieter ein Gut besonderer Qualität anbietet, aber alle Güter nahe Substitute sind. Das bedeutet, daß Änderungen absatzpolitischer Parameter (z.B. Preis) eines Anbieters in bestimmten Grenzen keine (fühlbare) Wirkung auf die Konkurrenten haben, außerhalb dieser Grenzen ist die Wirkung jedoch spürbar vorhanden. Das läßt sich im Anschluß an den von dem deutschen Betriebswirtschafter Erich Gutenberg entwickelten Ansatz wie in Abb. 33 darstellen.

Die Erklärung für die doppelt geknickte Preis-Absatz-Funktion liegt darin, daß die Nachfrager für ein Gut bestimmter Qualität „normale" Preisvorstellungen zwischen p_o und p_u haben. Für diese Preisklasse steht der Anbieter einer ziemlich unelastischen Nachfrage gegenüber. Erst wenn die Preisklasse verlassen wird, reagieren die Nachfrager einerseits durch Abwanderung in nahe Substitute (für $p > p_o$), andererseits durch verstärkte x-Nachfrage (für $p < p_u$): Die Preis-Absatz-Funktion wird elastischer.

Die gewinnmaximale Preis-Mengen-Kombination liegt wieder dort, wo der Grenzerlös den Grenzkosten gleich ist. Die Ableitung erfolgt in Analogie zur Monopolpreisbildung.

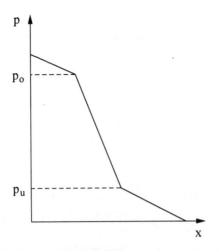

Abb. 1 - Preis-Absatz-Funktion bei monopolistischer Konkurrenz

3.3.3 Oligopol

In der Realität gibt es viele (Oligopol-)Märkte, auf denen wenige große Anbieter auftreten. Ein Oligopol liegt vor, wenn der Absatz einer Unternehmung von ihren eigenen marktstrategischen Variablen und denen einzelner Konkurrenten (fühlbar) abhängt. Eine Aktion eines einzelnen Anbieters läßt eine Reaktion der anderen Anbieter erwarten. Das Kernproblem der Oligopoltheorie liegt deshalb darin, daß die Anbieter in einer Interdependenz-Situation stehen. Aktion und Reaktion bedingen sich, aber es ist schwer zu sagen, in welcher Weise ein Oligopolist auf die Änderung des Aktionsparameters eines Wettbewerbers reagiert. Viele Reaktionen sind denkbar und realistisch.

Die in der Literatur am häufigsten zu findenden Oligopolmarktmodelle beziehen sich auf das Duopol, also auf einen Markt mit zwei Anbietern. Der Gewinn des einen Anbieters ist abhängig nicht allein von seinen eigenen Aktionsparametern, sondern auch von denen des anderen Anbieters. Als Aktionsparameter werden modelltheoretisch meist Preise und Absatzmengen angenommen, aber in der Realität spielen natürlich auch Qualität, Werbung, Service usw. eine Rolle.

Modelltheoretisch geht es bei Preisen bzw. Mengen um die Bestimmung sog. Reaktionskoeffizienten:

$$\frac{dx_1}{dx_2} \text{ bzw. } \frac{dx_2}{dx_1} \text{ oder } \frac{dp_1}{dp_2} \text{ bzw. } \frac{dp_2}{dp_1}$$

Diese Reaktionskoeffizienten geben an, wie der eine Anbieter mit seiner Menge oder seinem Preis reagiert, wenn der andere agiert. Das Gewinnmaximierungsproblem läßt sich für einen Duopolisten nicht lösen, ohne Vorstellungen über Größe und Vorzeichen dieser Reaktionskoeffizienten zu haben. Das Kernproblem jeder Oligopoltheorie ist deshalb, sinnvolle Reaktionshypothesen aufzustellen. Es ist einleuchtend, daß es hier eine große Anzahl von Alternativen gibt, weshalb sich die Oligopoltheorie durch eine fast unüberschaubare Modellvielfalt im Rahmen der ökonomischen Spieltheorie auszeichnet.

Eines des bekanntesten Modelle des Duopols stammt von Cournot, das von linearen Nachfragefunktionen, konstanten Grenz- und Durchschnittskosten ausgeht sowie Mengenreaktionen der Anbieter unterstellt, wobei jeder das Angebot des anderen als gegeben betrachtet.

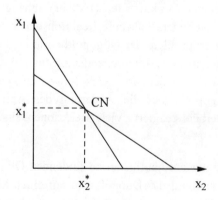

Abb. 34 - Cournot-Nash-Gleichgewicht im Duopol

Im Punkt CN schneiden sich die Reaktionslinien beider Anbieter. Es ist der Punkt, der die Absatzmengen für beide Anbieter (x_1^* und x_2^*) bestimmt, bei denen jeder seinen Gewinn maximiert. Er wird auch als Cournot-Nash-Gleichgewicht bezeichnet. Würde man den Preis zum Aktionsparameter machen, dann wäre der Schnittpunkt der Preisreaktionslinien im Anschluß an den französischen Nationalökonomen Bertrand als Bertrand-Nash-Gleichgewicht zu bezeichnen.

Mit diesen Ausführungen zur Markt- und Preistheorie beschließen wir die Grundlagenanalyse der mikroökonomischen Theorie und wenden uns der makroökonomischen Theorie zu.

IV. Makroökonomische Theorie

1. Das Aggregationsproblem

Zwischen der mikro- und der makroökonomischen Theorie steht das bereits in der Einführung angesprochene Aggregationsproblem: Wie kommt man von der Mikro- zur Makroebene? Es kann nicht davon ausgegangen werden, daß mikroökonomische Verhaltensgleichungen ohne weiteres analog für makroökonomische Funktionen gelten, weil die Bedingungen für konsistente Aggregation (u.a. identisches Verhalten der Wirtschaftssubjekte, Konstanz der Einkommensverteilung[1]) realiter im allgemeinen nicht erfüllt sind. Jede Aggregation enthält Informationsverluste über die Mikrostruktur einer Volkswirtschaft, aber man gewinnt andererseits für manche Fragestellungen mehr Klarheit durch größere Überschaubarkeit. Empirische Untersuchungen lassen sich ohne Aggregation meist überhaupt nicht durchführen, weil man es sonst mit Millionen von Einzelgrößen zu tun hätte.

Wie wird aggregiert, welches Verfahren leitet von der Mikro- zur Makrotheorie über? Das dieser Fragestellung zugrundeliegende Aggregationsproblem führt zu dem Grundsatz, daß man ein der jeweiligen Zielsetzung angemessenes Aggregationsverfahren anwenden sollte. Das beste Verfahren wäre wohl, wenn der mit der Aggregation verbundene zusätzliche Informationswert den durch sie erzeugten zusätzlichen Informationsverlusten entspräche. Das ist theoretisch optimal, aber praktisch geht man einfacher vor: Man benutzt die Hypothesen der Mikrotheorie und überträgt sie prinzipiell auf die Makroebene, d.h. die aggregierten Wirtschaftseinheiten und Güter

---

[1] Verdeutlicht sei dies an einem Beispiel, das die einzel- und gesamtwirtschaftliche Konsumnachfrage betrifft. Wenn alle Wirtschaftseinheiten identisches Konsumverhalten an den Tag legen, das durch eine mikroökonomische Konsumfunktion abgebildet werden kann, dann stimmen mikro- und makroökonomische Konsumquoten überein. Bei unterschiedlichen mikroökonomischen Konsumquoten bedeutet eine Änderung der Einkommensverteilung zwischen den Wirtschaftssubjekten, daß sich die makroökonomische Konsumquote verändert, ohne daß die mikroökonomischen Quoten variieren.

werden wie ein homogenes - repräsentatives - Wirtschaftssubjekt bzw. ein homogenes Gut behandelt. So ist die makroökonomische Theorie dann im Grunde nichts anderes als Mikroökonomik in makroökonomischen Denkkategorien.

Die makroökonomische Theorie soll hier auf der Basis von Modellen dargestellt werden, in denen eine Volkswirtschaft als aggregiertes System von interdependenten Märkten aufgefaßt wird. Dabei werden folgende Märkte betrachtet: Arbeitsmarkt, Gütermarkt (Markt für Sozialprodukt), Geldmarkt, Markt für Schuldverschreibungen. Da in der makroökonomischen Theorie verschiedene Modellvarianten existieren, die sich in ihren Grundannahmen zum Teil unterscheiden, zum Teil auch ergänzen, wollen wir die Modellunterschiede durchaus herausstellen. Dabei stehen der klassisch-neoklassische und der keynesianische Ansatz im Mittelpunkt.

2. Klassisch-neoklassische Theorie

2.1 Arbeitsmarkt

Im klassisch-neoklassischen Modell wird der Arbeitsmarkt als der Markt für das homogene Gut „Arbeitsleistungen" behandelt. Es gelten die Bedingungen des vollkommenen Wettbewerbs: Die Arbeitsnachfrager (Arbeitgeber) konkurrieren um die Arbeitsuchenden, die Arbeitsanbieter (Arbeitnehmer) konkurrieren um die vorhandenen Beschäftigungsmöglichkeiten. Lohnunterschiede können allenfalls kurzfristig bestehen, weil die weniger gut bezahlten Arbeitnehmer so lange in höher bezahlte Beschäftigungsverhältnisse überwechseln, bis alle Lohndifferenzen ausgeglichen sind. Für eine darüber hinausgehende Erklärung von Lohndifferenzen zwischen unterschiedlichen Arbeitsqualitäten benötigt man ein Modell, das aus verschiedenartigen, in sich homogenen Arbeitsmärkten besteht.

Arbeitsangebot

In bezug auf das gesamtwirtschaftliche Arbeitsangebotsverhalten gehen wir davon aus, daß die Arbeitsanbieter frei von Geldillusion sind (vgl. Kap. III.1.2), d.h. daß sie sich nach der in Gütereinheiten ausgedrückten Kaufkraft, die sie durch eine Arbeitsstunde erhalten, ausrichten. Das Arbeitsangebot ist mithin abhängig vom Reallohn.

Die aggregierte Arbeitsangebotsfunktion ergibt sich aus den individuellen Entscheidungen über die Arbeitszeit, die allerdings realiter nicht immer völlig frei sind, weil institutionelle Vorgaben für Arbeitszeiten die Arbeitsangebotsentscheidungen „unteilbar" machen (z.B. acht Stunden Arbeitszeit pro Tag, vgl. Kap. III.1.6.). Oftmals können die Arbeitnehmer deshalb nur entscheiden, ob sie zu einem bestimmten Lohnsatz überhaupt arbeiten wollen oder nicht. So ist die aggregierte Arbeitsangebotsfunktion das Resultat aus den vielen Ja/Nein-Entscheidungen der Individuen über die Erwerbsbeteiligung, d.h. mit jedem höheren Lohnsatz werden zusätzliche Arbeitsanbieter auf den Markt kommen. Dementsprechend werden mit steigendem Lohn mehr Arbeitsstunden angeboten. Die aggregierte Arbeitsangebotsfunktion ist deshalb positiv elastisch und läßt sich graphisch wie folgt darstellen:

(58) $A = A(\frac{w}{p})$
                 $+$

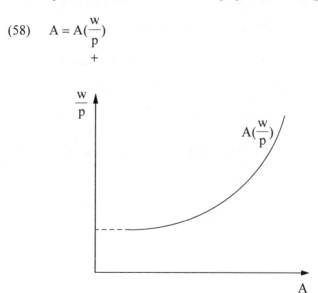

Abb. 35 - Gesamtwirtschaftliches Arbeitsangebot

Arbeitsnachfrage

Die aggregierte Arbeitsnachfragefunktion leitet sich aus den individuellen Arbeitsnachfrageentscheidungen der Unternehmungen her (vgl. Kap. III.2.6.). Bei gegebenem Kapitalstock (K) wird nach der optimalen Zahl der Arbeitsstunden gefragt, die den Gewinn der Unternehmung maximieren.[1] Aus der Theorie der Unternehmung wissen wir, daß ein Gewinnmaximum realisiert wird, wenn das Grenzprodukt der Arbeit dem Reallohn entspricht, denn solange das Grenzprodukt einer zusätzlichen Arbeitsstunde noch höher ist als der Reallohn, lohnt sich die Ausdehnung der Produktion. Umgekehrtes gilt, wenn der Lohn das Grenzprodukt übersteigt. Dann erhöht eine Produktionseinschränkung den Gewinn. Für die makroökonomisch relevante Gewinnmaximierungsbedingung

$$(59) \quad \frac{dx}{dN} = \frac{w}{p}$$

mit $N = \sum v_i$; (vgl. Gleichung (50), S. 53)

soll mithin als aggregierte Arbeitsnachfragefunktion gelten

$$(60) \quad N = N(\frac{w}{p}),$$
$$\quad\quad\quad\quad -$$

deren Verlauf graphisch wie folgt dargestellt werden kann:

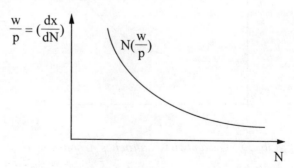

Abb. 36 - Gesamtwirtschaftliche Arbeitsnachfrage

---

[1]　Man könnte natürlich auch das Arbeitsstundenvolumen vorgeben und nach dem optimalen Kapitalstock fragen. Das wäre dann ein Problem der Investitionstheorie.

Arbeitsmarktgleichgewicht

Gleichgewicht auf dem Arbeitsmarkt existiert im Schnittpunkt von Arbeitsangebots- und -nachfragefunktion:

$$(61) \quad A((\frac{w}{p})^*) = N((\frac{w}{p})^*)$$
$$\qquad\quad + \qquad\quad -$$

Beim Lohnsatz $(\frac{w}{p})$ * herrscht Vollbeschäftigung.

Ist der Lohnsatz zu hoch (z.B. $(w/p)_1$ in Abb. 37), dann existiert ein Marktungleichgewicht in Form eines Angebotsüberschusses, der Arbeitslosigkeit in Höhe von AB bedeutet. Bei Löhnen unterhalb des Vollbeschäftigungsniveaus (z.B. $(w/p)_2$) herrscht ein Nachfrageüberschuß in Höhe von CD, der eine Situation der Überbeschäftigung signalisiert. Bei gegebenem Preisniveau, wie es die klassisch-neoklassische Theorie annimmt,[1] sind ungleichgewichtige Reallöhne mithin die Folge von zu hohen oder zu niedrigen Nominallöhnen. In dieser Theorie wird nun angenommen, daß der Lohn nur unwesentlich und allenfalls kurzfristig von seinem Gleichgewichtswert abweichen kann, weil der Wettbewerbsmechanismus auf dem Arbeitsmarkt einen Anpassungsprozeß zum Gleichgewicht bewirkt. Sind nämlich die Löhne der Beschäftigten zu hoch, so unterbieten die Arbeitslosen diese Löhne, was niedrigere Lohnkontrakte ermöglicht. Bei zu niedrigen Löhnen überbieten sich die Arbeitgeber mit Lohnerhöhungsangeboten an die Arbeitnehmer, bis genügend Arbeitnehmer bereit sind, eine Beschäftigung aufzunehmen. Dieser Mechanismus setzt natürlich voraus, daß es keinerlei institutionelle Hindernisse für die Lohnanpassung gibt. In der klassisch-neoklassischen Theorie wird diese Voraussetzung als gegeben betrachtet.

Wenn von Arbeitslosigkeit die Rede ist, so wird allgemein zwischen freiwilliger und unfreiwilliger Arbeitslosigkeit unterschieden. Obwohl diese Unterscheidung umstritten ist, weil klare Abgrenzungskriterien praktisch schwer zu definieren sind, ist sie doch analytisch sinnvoll. Wenn $\overline{A}$ (Abb. 37) das gesamte vorhandene Erwerbspo-

---

[1] Das Preisniveau wird auf dem Geldmarkt bestimmt. Vgl. dazu Kap. IV.2.3., S. 84f.

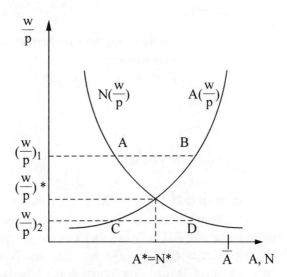

Abb. 37 - Gleichgewicht und Ungleichgewicht auf dem Arbeitsmarkt

tential (Arbeitsvolumen in Stunden) ist, dann werden beim Vollbe-schäftigungslohn $(w/p)^*$ offensichtlich $(\overline{A} - A^*)$ Arbeitsstunden freiwillig nicht gearbeitet, d.h. in dieser Höhe herrscht freiwillige Arbeitslosigkeit. Wegen des skizzierten Lohnanpassungsprozesses gibt es in der klassisch-neoklassischen Theorie deshalb keine un-freiwillige Arbeitslosigkeit. Vollbeschäftigung ist mithin die zentrale Analysebasis dieser Arbeitsmarkttheorie.

2.2 Gütermarkt

Der gesamtwirtschaftliche Gütermarkt ist der Markt für Sozialpro-dukt, auf dem bestimmt wird, wieviele Güter - zum „Gut Sozialpro-dukt" zusammengefaßt - produziert, konsumiert und investiert wer-den. Kann ein Gut sowohl konsumiert als auch investiert werden? Das ist z.B. für Weizen vorstellbar, der sowohl Konsumgut als auch Investitionsgut sein kann. Im übrigen ist aber die gesamtwirtschaft-liche Homogenisierung des auf dem Gütermarkt gehandelten Gutes eine Vereinfachung zur Beantwortung der Fragen, wieviel von die-sem Gut produziert werden, wieviel davon wieder in die Produktion fließen und wieviel dem Endverbrauch zugeführt werden soll.

Güterangebot

Geht man davon aus, daß das Angebot an Sozialprodukt der Gesamtproduktion von Konsum- und Investitionsgütern entspricht, dann spiegelt die Angebotsfunktion die gesamtwirtschaftliche Produktionsfunktion als Aggregation der Produktionsfunktionen der einzelnen Unternehmungen wider. Sie wird üblicherweise - in Verbindung mit der Arbeitsnachfragefunktion - dargestellt als:

$$(62) \quad Y^a = Y(K, N(\underset{-}{\underset{p}{\tfrac{w}{+}}})),$$

wobei Y^a das reale Güterangebot[1] und K den gesamtwirtschaftlichen Kapitalstock bezeichnen. Die Funktion besagt, daß mit steigendem Kapitalstock - der als Hilfsmaß dient für die in die Produktion eingehenden Kapitaldienste, die nur schwer meßbar sind - und steigendem Arbeitseinsatz - gemessen in Arbeitsstunden - der Güteroutput steigt. Sie zeigt auch, daß eine Reallohnerhöhung ceteris paribus den Output verringert (und vice versa).

In makroökonomischen Analysen wird häufig die spezielle Produktionsfunktion

$$(63) \quad Y^a = aK^{\alpha} N^{\beta}, \quad \alpha, \beta > 0$$

verwendet, die auch als Cobb-Douglas-Produktionsfunktion bezeichnet wird nach den beiden Autoren Cobb und Douglas, die in den 1920er Jahren versuchten, diese Funktion empirisch zu testen. Dabei stellen die Exponenten α und β die partiellen Elastizitäten der Produktion in bezug auf den Faktor Kapital bzw. Arbeit dar.[2]

Für unsere weiteren Überlegungen unterstellen wir, daß der Kapitalstock konstant ist $(K = \overline{K})$, d.h. die Analyse ist kurzfristig. Ein variabler Kapitalstock hieße, daß wir uns im Rahmen der makroökonomischen Wachstumstheorie bewegen (vgl. dazu Kap. IV.12). Bei konstantem Kapitalstock hängt das gesamtwirtschaftliche Güteran-

---

[1] Auf die mikroökonomische Produktionsfunktion (vgl. Kap. III.2.2., Gleichung (21), S. 38) bezogen gilt: $Y^a = \Sigma x$.

[2] Zum Elastizitätsbegriff vgl. Kap. III.1.2., S. 19ff.

gebot gemäß (62) von der Höhe des die Beschäftigung bestimmen-
den Reallohns ab:

$$(64) \quad Y^a = Y(\frac{w}{p})$$
$$-$$

Güternachfrage

Die Güternachfrageseite unterteilt sich in die Nachfrage der Haushalte nach Konsumgütern und die der Unternehmungen nach Investitionsgütern. Die Analyse der Konsumnachfrage impliziert diejenige der Ersparnis, denn ein Haushalt unterteilt sein Einkommen in
Konsum und Ersparnis: Y = C + S. Die Ersparnis als nicht konsu-
mierter Teil des Einkommens wird im klassisch-neoklassischen System bestimmt durch die Höhe des Zinssatzes (i)[1] :

$$(65) \quad S = S(i)$$
$$+$$

Mit steigendem Zins steigt auch die Ersparnis. Dahinter steht die
Annahme, daß mit steigendem Zins die Opportunitätskosten des
Konsums in Form entgangener Zinserträge steigen und die Wirtschaftseinheiten deshalb mehr sparen. Mithin hängt auch der Konsum vom Zinssatz ab, und zwar bei gegebenem Einkommen in ne-
gativer Richtung:

$$(66) \quad C = C(i)$$
$$-$$

Graphisch lassen sich Spar- und Konsumfunktion bei gegebenem
Einkommen wie in Abb. 38 darstellen.

Wenden wir uns nun der Nachfrage nach Investitionsgütern der Unternehmungen zu. Investitionen werden als Erhöhungen des physischen Kapitalbestandes aufgefaßt.[2] Nach klassisch-neoklassischer
Auffassung stellt auch für die Investitionsnachfrage der Zins die ent-

---

[1] Genau genommen müßte es sich bei diesem Zins um den von den Haushalten erwarteten
Realzins handeln, der als Differenz zwischen Geldzins und erwarteter Inflationsrate definiert
ist.

[2] Wir wollen darauf verweisen, daß Erhöhungen des Humankapitalbestandes (Humankapi-
talinvestitionen), die sich in Verbesserungen der Qualifikation, des Wissens, der Erfahrung
usw. der Arbeitskräfte niederschlagen, hier keine explizite Berücksichtigung finden.

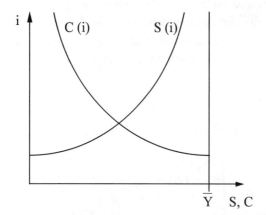

Abb. 38 - Klassisch-neoklassische Spar- und Konsumfunktion (bei gegebenem Einkommen)

scheidende Erklärungsvariable dar. Die Begründung ist wie folgt. Jeder Investor hat Vorstellungen über die optimale Höhe seines Kapitalbestandes. Er investiert, wenn sein tatsächlicher Kapitalbestand kleiner ist als der optimale. Wenn angenommen wird, daß die Finanzierung der Investition durch Fremdkapital, das verzinst werden muß, erfolgt,[1] dann verschuldet sich der Investor zusätzlich durch Ausgabe von Schuldverschreibungen (Bonds):

$$(67) \quad p \cdot I = \Delta B^a$$

mit $I = \Delta K = K - K_0$.

Dabei bedeuten: I = reale Sachkapitalinvestition, p = Preisindex der Sachkapitalinvestition, K = gegenwärtiger Kapitalbestand, K_0 = optimaler Kapitalbestand, ΔB^a = zusätzliches Angebot an Schuldverschreibungen B.

Die Erhöhung des Sachkapitalbestandes durch Ausgabe neuer Bonds lohnt sich so lange, wie die Grenzproduktivität des Kapitals, die mit zunehmendem Kapitaleinsatz sinkt, noch höher ist als der Fremdkapitalzins, weil der Ertrag der Investition dann noch über den Kosten liegt. Erst wenn beide sich angeglichen haben, ist der optimale

---

[1] Bei Finanzierung durch Eigenkapital fallen implizite Zinskosten dadurch an, daß auf eine alternative Verwendung des eingesetzten Kapitals verzichtet wird.

Kapitalbestand erreicht. Mithin hängt bei gegebener Produktionsfunktion die Investitionstätigkeit vom Marktzins ab, und zwar invers, weil mit steigendem Marktzins bei gegebener Kapitalproduktivität weniger Investitionen lohnend sind:

$$(68) \quad I = I(\underset{-}{i})$$

Graphisch verläuft dann die Investitionsfunktion wie folgt:

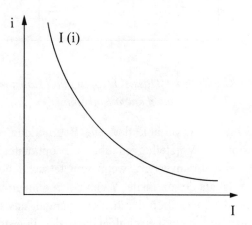

Abb. 39 - Klassisch-neoklassische Investitionsfunktion

Damit erhalten wir für die gesamte Güternachfrage in der Volkswirtschaft folgende Funktion:

$$(69) \quad Y^n = C(\underset{-}{i}) + I(\underset{-}{i})$$

Gütermarktgleichgewicht

Das Gleichgewicht auf dem Gütermarkt ist im klassisch-neoklassischen System gemäß (64) und (69) nunmehr als

$$(70) \quad Y^a(\frac{w}{p}) = C(\underset{-}{i}) + I(\underset{-}{i})$$

definiert. Reallohn und Zinssatz sind die Variablen, über die das Gleichgewicht bestimmt wird. Dabei ist jedoch zu berücksichtigen, daß der Reallohn über das Arbeitsmarktgleichgewicht determiniert ist, das sich kurzfristig nicht ändert, weil Vollbeschäftigung herrscht. Somit bleibt nur der Zinssatz, dessen Anpassung den Gütermarkt ins Gleichgewicht bringt.

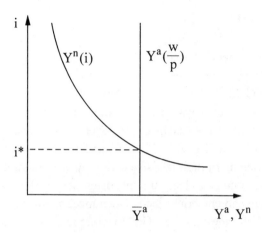

Abb. 40 - Gleichgewicht auf dem Gütermarkt

Der Gleichgewichtszins i^* gewährleistet, daß die Güternachfrage gerade dem Güterangebot bei Vollbeschäftigung entspricht.

Hier kommt ein Gedanke ins Spiel, der aus dem klassischen System heraus als Saysches Theorem bezeichnet wird. Dieses Theorem - benannt nach dem französischen Nationalökonomen Jean Baptiste Say (1767-1832) - besagt: Jedes gesamtwirtschaftliche Angebot schafft sich seine gesamtwirtschaftliche Nachfrage. Danach kann es also ein Gütermarktungleichgewicht gar nicht geben. Das Saysche Theorem impliziert also einen Zinsanpassungsmechanismus, der für jede Höhe des Güterangebots eine entsprechende Güternachfrage erzeugt, so daß z.B. ein Nachfragemangel nicht existieren kann. Die Klassiker begründen diesen Sachverhalt wie folgt: Jeder Güterproduktion entspricht wertmäßig ein gleich hohes Einkommen, das nachfragewirksam wird, weil jede Wirtschaftseinheit letztlich Güter nur produziert und anbietet, um Güter nachzufragen. Das Horten von Geld, das ja zu einem Güternachfragemangel führen könnte, wird für sich genommen also nicht als ökonomisch sinnvolles Motiv[1] angesehen, weil es keinen Nutzen (Konsumnutzen oder Zins) stiftet.

2.3 Geldmarkt

Im klassisch-neoklassischen Denken gibt es eigentlich keinen „echten" Markt für Geld; er ist vielmehr fiktiv. Der Grund liegt darin, daß Geld als ein nur für die Abwicklung von Kauf- bzw. Verkaufstransaktionen verwendetes Medium betrachtet wird. In einer Geldwirtschaft werden nicht Güter gegen Güter, sondern Güter gegen Geld und Geld gegen Güter gehandelt. Geld schiebt sich also wie ein „Schmiermittel" zwischen die Gütertransaktionen, die dadurch mit geringeren Transaktionskosten abgewickelt werden können. Demgemäß entspricht jedes Güterangebot einer wertäquivalenten Geldnachfrage und jede Güternachfrage einem entsprechenden Geldangebot. Dies verdeutlicht, warum im klassisch-neoklassischen System die Nachfrage nach Geld ausschließlich aus dem Motiv, Zahlungen zu leisten, erklärt wird, Geld also nur die beiden Funktionen als Zahlungsmittel (Transaktionskasse) und als Recheneinheit erfüllt. Als Wertaufbewahrungsmittel spielt es keine Rolle.

Damit wird zweierlei deutlich. Erstens impliziert Gleichgewicht auf dem Gütermarkt notwendigerweise Gleichgewicht auf dem Geldmarkt, und zweitens ist der Geldmarkt Reflex des Gütermarktes, nicht aber umgekehrt, d.h. vom Geldmarkt gehen keine Einflüsse auf die realen Größen des Gütermarktes aus. Man bezeichnet diesen Sachverhalt als Neutralität des Geldes bzw. Dichotomie zwischen realem und monetärem Sektor. Die diesen Überlegungen entsprechenden geldtheoretischen Grundlagen der Klassik-Neoklassik sollen näher skizziert werden.

---

[1] Es würde zudem wie eine Verknappung der Geldmenge wirken und damit nach klassischer Auffassung zunächst eine Preissenkung induzieren. Bei konstantem Nominallohn würde dies zu einer Erhöhung des Reallohns führen mit der Folge von klassischer Arbeitslosigkeit. Diese bewirkt wiederum eine rasche Senkung des Nominallohns, so daß letztlich wieder Vollbeschäftigung bei dem vorherigen Niveau von Produktion, Reallohn und Güternachfrage existiert.

Geldangebot

Das in einer Volkswirtschaft existierende Angebot an Geld (Transaktionskasse) resultiert aus dem Geldangebot der Zentralbank (Zentralbankgeld) und dem der Geschäftsbanken (Geschäftsbankengiralgeld). Das Zentralbankgeld, bestehend aus Banknoten und Münzen sowie Sichteinlagen bei der Zentralbank, errechnet sich als Summe der Zentralbankgeldbestände der Geschäftsbanken und der Nichtbanken (ohne Zentralbankeinlagen des Staates)[1]. Das Geschäftsbankengiralgeld besteht aus den Sichteinlagen der Nichtbanken bei den Geschäftsbanken.

Die Steuerung der Geldmenge in einer Volkswirtschaft obliegt der Zentralbank, d.h. die Zentralbankgeldmenge ist von fundamentaler Bedeutung für den Geldangebotsprozeß. Sie steht deshalb als „monetäre Basis" im Vordergrund der Geldangebotsanalyse.

Zwischen der angebotenen Geldmenge (M^a) und der monetären Basis (B) besteht nun folgende Beziehung:

(71) $M^a = m \cdot B, \quad m > 1,$

d.h. die Geldmenge ist ein Vielfaches der monetären Basis, wobei m als Geldmultiplikator bezeichnet wird. Aus Gleichung (71) ist erkennbar, daß das Geldangebot vom Geldangebotsverhalten der Zentralbank sowie von der Höhe des Geldmultiplikators abhängt. Was bestimmt diesen Multiplikator? Tiefergehende geldtheoretische Analysen zeigen, daß er vor allem vom Verhalten der Geschäftsbanken und Nichtbanken bestimmt wird. Da die Geschäftsbanken die Einlagen ihrer Kunden immer zu weniger als hundert Prozent in bar gedeckt haben, können sie ein Vielfaches des ihnen zufließenden Zentralbankgeldes als Sichteinlagen (Geschäftsbankengiralgeld) schaffen. Im Rahmen ihrer Rentabilitäts- und Liquiditätsüberlegungen disponieren die Banken z.B. ihre Liquiditätsquote, d.h. ihren Bestand an freien Liquiditätsreserven in Relation zum Einlagenvolumen, unterschiedlich. Je mehr Liquiditätsreserven sie halten, desto

---

[1]   Auf Basis der in Deutschland bestehenden institutionellen Gegebenheiten sind die Kassenbestände der Geschäftsbanken und die Zentralbankeinlagen von Nichtbanken wegen ihres relativ geringen Umfangs vernachlässigbar.

geringer ist der Spielraum zur Giralgeldschöpfung (und vice versa), desto geringer sind aber auch die Zinserträge. Der Geldmultiplikator m sinkt mit steigender Liquiditätsquote (und vice versa).

Beim Verhalten der privaten Nichtbanken, das auf m einwirkt, spielen deren Zahlungssitten, d.h. deren Präferenzen in bezug auf Bargeld oder Geschäftsbankengiralgeld eine Rolle, ebenso deren Präferenzen in bezug auf die Einteilung ihrer Einlagenbestände in Sicht-, Termin- und Spareinlagen. Je mehr Bargeld, Termin- und Spareinlagen die Nichtbanken halten, desto geringer ist der Spielraum zur Giralgeldschöpfung durch die Banken und desto kleiner ist m (und vice versa). Und je stärker Verhaltensänderungen von Geschäftsbanken und Nichtbanken auftreten, desto variabler ist m und desto weniger strikt ist die Beziehung zwischen Geldangebot und monetärer Basis.

Wenn angenommen wird, daß die Zentralbank in der Lage ist, das Geldangebot vollkommen zu steuern, dann impliziert dies, daß der Geldmultiplikator entweder konstant ist oder daß seine Veränderungen von der Zentralbank vollständig erkannt werden und in der Steuerung der monetären Basis Berücksichtigung finden. Im folgenden soll der Einfachheit halber von dieser Annahme ausgegangen und das Geldangebot als konstant angenommen werden:

(72) $M^a = m \cdot B = \overline{M}^a$

Es handelt sich dabei um das nominale Geldangebot. Das reale Geldangebot ergibt sich dann als

(73) $\tilde{M}^a = \dfrac{\overline{M}^a}{p}$,

was graphisch wie folgt als gleichseitige Hyperbel abgebildet werden kann:

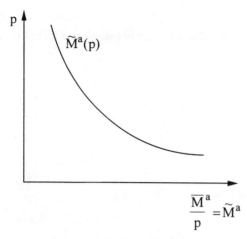

$$\frac{\overline{M}^a}{p} = \tilde{M}^a$$

Abb. 41 - Geldangebotsfunktion

Geldnachfrage

Die Geldnachfrage (M^n) des Nichtbankensektors hängt ab vom Transaktionsvolumen, das die Wirtschaftssubjekte pro Periode zu bewältigen wünschen. Bezeichnet man mit T die Menge der Transaktionen und mit p_T den Durchschnittspreis jeder einzelnen Transaktion, so stellt $T \cdot p_T$ den wertmäßigen Umsatz pro Periode dar. Die Hypothese ist nun, daß die Wirtschaftseinheiten ihre Kassenhaltung in einem festen Verhältnis zum wertmäßigen Umsatz gestalten:

$$(74) \quad M^n = k \cdot T \cdot p_T,$$

wo k eine Konstante darstellt, die als Kassenhaltungskoeffizient bezeichnet wird und angibt, wie lange eine Geldeinheit im Durchschnitt zwischen zwei Zahlungen von den Wirtschaftseinheiten gehalten wird (durchschnittliche Kassenhaltungsdauer). Vor allem aufgrund der Schwierigkeiten, die mit der Erfassung sämtlicher Transaktionen in einer Volkswirtschaft verbunden sind, wird anstelle von T auf das reale Volkseinkommen (Y) abgestellt in der Annahme, daß zwischen T und Y eine proportionale Beziehung besteht:

$$(75) \quad M^n = k \cdot Y \cdot p_Y,$$

wo p_Y das Preisniveau der in Y enthaltenen Güter bezeichnet.[1] (75) läßt sich umformen zur sog. Cambridge-Gleichung der Geldnachfrage[2]

$$(76) \quad \frac{M^n}{p} = k \cdot Y,$$

in der M^n/p die reale Geldnachfrage bezeichnet. Sie stellt sich graphisch wie folgt dar:

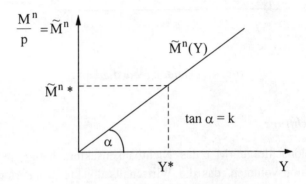

Abb. 42 - Cambridge-Geldnachfragefunktion

Man erkennt: Je größer k ist, desto steiler verläuft die Funktion und vice versa. Sei Y* das Vollbeschäftigungseinkommen, so hat die reale Geldnachfrage die Höhe $\tilde{M}^{n*}$.

Geldmarktgleichgewicht

Das Gleichgewicht auf dem Geldmarkt ergibt sich, wenn man aus der Cambridge-Funktion die für das Vollbeschäftigungseinkommen relevante reale Geldnachfrage in die Geldangebots-Graphik integriert, wie dies in Abb. 43 dargestellt ist.

Wir erhalten das (Gleichgewichts-) Preisniveau p* bei Vollbeschäftigung. Erkennbar ist, daß z.B. eine nominale Geldmengenerhöhung

---

[1]   Im folgenden wird der Einfachheit halber anstatt p_y nur p geschrieben.

[2]   Sie geht vor allem auf Alfred Marshall (1842-1924) und Arthur Cecil Pigou (1877-1959) zurück, beide Professoren in Cambridge, England. Aber auch John Maynard Keynes (1883-1946) hat mit ihr gearbeitet. Das k wird deshalb zuweilen auch als „Cambridge-k" bezeichnet.

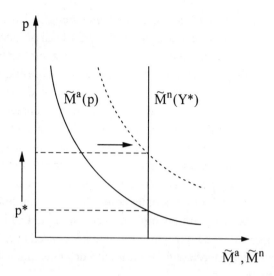

Abb. 43 - Gleichgewicht auf dem Geldmarkt

(gestrichelte Geldangebotsfunktion) lediglich das Preisniveau erhöht, ohne die reale Produktion zu stimulieren (Neutralität des Geldes).

Damit sind alle für das klassisch-neoklassische System wichtigen Größen simultan bestimmt: Reallohn, Zinssatz, Preisniveau und über letzteres auch der Nominallohn.

In Anlehnung an Irving Fisher (1867-1947) wird verschiedentlich anstelle der Cambridge-Gleichung der Geldnachfrage eine andere Form gewählt, in der vom Kehrwert des Kassenhaltungskoeffizienten ausgegangen wird:

$$(77) \quad v = \frac{1}{k},$$

wobei v üblicherweise als Umlaufsgeschwindigkeit des Geldes bezeichnet wird.[1] Damit erhalten wir für das Geldmarktgleichgewicht

$$(78) \quad M \cdot v = Y \cdot p.$$

---

[1] Treffender wäre der Ausdruck Umlaufs- bzw. Transaktionshäufigkeit, denn Geschwindigkeit hat die Dimension „zurückgelegte Entfernung pro Zeit".

Diese Gleichung wird als Quantitätsgleichung (Fishersche Verkehrsgleichung) bezeichnet und ist für die klassisch-neoklassische
Geldtheorie und deren moderne Varianten von zentraler Bedeutung.
Sie verdeutlicht nämlich noch einmal auf eine andere Weise, daß bei
gegebenem Y (Vollbeschäftigungseinkommen) und konstantem v
eine Erhöhung der Geldmenge zu einer proportionalen Erhöhung
des Preisniveaus führt. Daraus folgt, daß diese aus der Quantitätsgleichung abgeleitete strikte theoretische Beziehung zwischen Geldmenge und Preisniveau z.B. nicht bei Unterbeschäftigung gilt. Aber
dieser Fall ist ja für die Klassik-Neoklassik auch gar nicht relevant,
weil stets Vollbeschäftigung unterstellt wird. Der quantitätstheoreti-
sche Zusammenhang gilt auch nicht, wenn sich die Geldumlaufsge-
schwindigkeit unabhängig von der Geldmenge verändert. Man benötigt also eine Theorie zur Bestimmung des Gleichgewichtswertes
von v (bzw. k).

2.4 Markt für Schuldverschreibungen (Kapitalmarkt)

Dieser Markt bezieht sich auf das Angebot an und die Nachfrage
nach Wertpapieren, die die Unternehmungen anbieten, um Investitionen zu finanzieren, und die Haushalte nachfragen, wenn sie sparen. Die Investitionen entsprechen dem realen Wertpapierangebot:

$$(79) \quad I(i) = \frac{B^a}{p}(i),$$

und die Ersparnis entspricht der realen Wertpapiernachfrage

$$(80) \quad S(i) = \frac{B^n}{p}(i)$$

mit B als Nominalwert der Wertpapiere (Bonds).

Das Gleichgewicht wird durch den Wertpapierzinssatz hergestellt,
der dem gleichgewichtigen Gütermarktzins entsprechen muß:

$$(81) \quad I(i) = S(i).$$

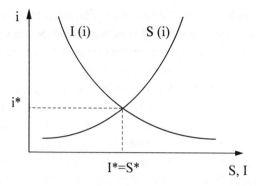

Abb. 44 - Gleichgewicht auf dem Bondsmarkt

3. Das klassisch-neoklassische Gesamtmodell

Damit sind alle Märkte des klassisch-neoklassischen Modells in ihren Grundstrukturen dargestellt und alle endogenen Variablen des Modells bestimmt: Reallohn, Preisniveau und Zinssatz.

Arbeitsmarkt:

$$N(\frac{w}{p}) = A(\frac{w}{p})$$
$$\quad - \qquad +$$

Gütermarkt:

$$Y^n(i) = Y^a(\frac{w}{p})$$
$$\; - \qquad\quad -$$

Geldmarkt:

$$M^n(Y^*, p) = \overline{M}^a$$
$$\quad + \;\; +$$

Bondsmarkt (Kapitalmarkt):

$$S(i) = I(i)$$
$$\; + \qquad -$$

Zur Bestimmung der drei endogenen Variablen Reallohn, Preisniveau und Zinssatz sind nur drei voneinander unabhängige Gleichungen erforderlich. Das System besteht aber offensichtlich aus vier Gleichungen, so daß es als überdeterminiert erscheint. Dies ist jedoch nicht der Fall, denn wenn drei Märkte des Systems im Gleichgewicht sind, so ist auch der vierte Markt im Gleichgewicht. Das ist der Inhalt des sog. Gesetzes von Walras. Es besagt allgemein, daß in einem geschlossenen System von Märkten die Summe der wertmäßigen Überschußnachfragen gleich Null sein muß. Im klassisch-neoklassischen System wird aufgrund der Annahme vollkommen flexibler Löhne, Güterpreise und Zinsen sogar unterstellt, daß auf jedem Markt eine Überschußnachfrage von Null vorliegt.

Abb. 45 zeigt das klassisch-neoklassische Gesamtmodell graphisch auf.

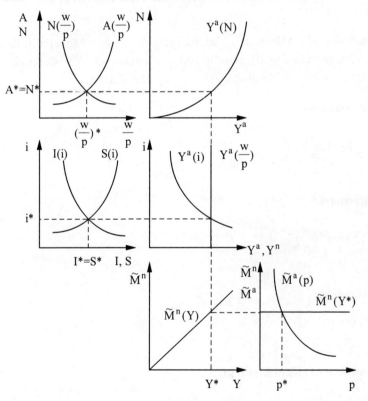

Abb. 45 - Das klassisch-neoklassische Gesamtmodell

4. Keynesianische Theorie

Die Hypothese flexibler Preise auf allen Märkten ist eine der umstrittensten Annahmen der klassisch-neoklassischen Theorie. Dies gilt insbesondere für den Arbeits- und Gütermarkt. Sind Löhne und Güterpreise tatsächlich nach oben und unten völlig flexibel? Dies ist in der Realität kaum zu beobachten. Realistischer erscheint die Annahme, daß Löhne und Güterpreise vor allem nach unten relativ starr sind und sich eher nur nach oben anpassen. Das kann dazu führen, daß sich Marktgleichgewichte nicht einstellen, die Märkte also im Ungleichgewicht verharren. Für derartige Ungleichgewichte stehen z.B. die Begriffe Arbeitslosigkeit und Nachfragemangel.

Dabei ist allerdings die Frage zu stellen, was Flexibilität bzw. Starrheit eines Preises überhaupt bedeutet, denn ob eine Variable in der Theorie als flexibel oder starr gilt, hängt von der Länge der jeweils betrachteten Periode ab. Kurzfristig mag ein Preis starr sein, aber wenn er den Markt nicht räumt, wird er sich auf mittlere und erst recht auf längere Sicht verändern. Wenn die klassisch-neoklassische Modellwelt vollständige Flexibilität der Preise annimmt, dann ist dies - empirisch gesehen - mindestens für die lange Frist gültig, mittelfristig mag dies mehr oder weniger der Fall sein, aber kurzfristig muß wohl von ziemlich starren Güterpreisen und Löhnen ausgegangen werden (Fixpreisannahme). Diese Sicht liegt vielen makroökonomischen Modellen zugrunde, die seit der Veröffentlichung der „General Theory of Employment, Interest and Money" von John Maynard Keynes (1883-1946) im Jahre 1936 in der Wirtschaftstheorie eine Rolle gespielt haben.

U.a. mit der Fixpreisannahme wollte Keynes erklären, weshalb die wirtschaftliche Aktivität während der großen Weltwirtschaftskrise (1929-1931) so dramatisch zurückgegangen war. Denn es gilt generell, daß Mengen (Produktion, Beschäftigung usw.) um so flexibler reagieren, je starrer Preise sind und vice versa.

Das keynesianische Modell unterscheidet sich noch in einem anderen wesentlichen Punkt von der Klassik-Neoklassik. Keynes negiert die Gültigkeit des Sayschen Theorems und verkehrt es quasi ins Ge-

genteil: Die Nachfrage bestimmt das Angebot und nicht umgekehrt.
Dabei kommt Markträumung durch Produktionsanpassung, also
durch Mengenbewegungen, zustande, wobei der Output und damit
das Einkommen selbst wieder die einzelnen Komponenten der ef-
fektiven Nachfrage bestimmen. So ist der private Konsum nicht vom
Zins, sondern vom verfügbaren Einkommen der Wirtschaftseinheiten abhängig.

Keynes hält es nun für möglich, daß die private effektive Nachfrage
nicht ausreicht, um eine Produktion, die Vollbeschäftigung gewährleistet, zu generieren. Der Grund für eine zu geringe effektive Güternachfrage kann darin liegen, daß die Wirtschaftseinheiten Geld
horten, d.h. Geld zur Wertaufbewahrung verwenden. Damit tritt
dann neben das Transaktionsmotiv der Geldhaltung (Geld als Zahlungsmittel) das Spekulationsmotiv hinzu (Geld als Wertaufbewahrungsmittel). Es erklärt die Geldhaltung aus dem Wunsch der Wirtschaftseinheiten nach Vermeidung von Vermögensverlusten.[1]

Im einzelnen läßt sich das keynesianische Modell wie folgt skizzieren.

4.1 Arbeitsmarkt

Keynes bezweifelt nicht die grundsätzliche Gültigkeit der klassisch-
neoklassischen Annahmen der Reallohnabhängigkeit von Angebot
und Nachfrage auf dem Arbeitsmarkt. Allerdings geht er davon aus,
daß der Nominallohn nach unten unbeweglich ist, so daß eine zur
Beschäftigungserhöhung notwendige Reallohnsenkung allein durch
Preiserhöhungen durchgesetzt werden kann. Zudem kann es Arbeitslosigkeit unabhängig von der Reallohnhöhe geben, weil sie vom
Gütermarkt herrührt. Dies ist der Fall, wenn die Güternachfrage zu
gering ist, um Vollbeschäftigung herzustellen. Es gilt mithin:

---

[1]   Der Begriff „Spekulation" hat - anders als in der allgemeinen öffentlichen Meinungsbildung -
in der ökonomischen Theorie keinen negativen Beigeschmack. Spekulation bedeutet, daß
Wirtschaftssubjekte Transaktionen durchführen, weil sie bestimmte Zukunftserwartungen
haben. Wenn heute erwartet wird, daß die Wertpapierkurse morgen fallen, dann wird man
sich heute durch Wertpapierverkäufe vor Vermögensverlusten zu schützen versuchen. Es
kann dann also rational sein, vorübergehend Geld zu halten.

(82) $\quad N(\frac{w}{p}) \leq A(\frac{w}{p})$
$\qquad\quad -\qquad +$

Wenn der Reallohn ein Niveau hat, daß die nachgefragten Arbeitskräfte gar nicht alle beschäftigt werden können, weil die Nachfrage auf dem Gütermarkt nicht ausreicht (Güternachfragemangel), dann bestimmt die Güternachfrage und nicht der Reallohn die Arbeitsnachfrage. Mithin kann (82) spezifiziert werden als:

(83) $\quad N = \min(N(\frac{w}{p}), N(Y^n)) \leq A(\frac{w}{p})$
$\qquad\qquad\quad -\qquad +\qquad\qquad +$

4.2 Gütermarkt

Auf dem Gütermarkt bestimmt die effektive Nachfrage, also die Konsum- und Investitionsnachfrage, die Höhe des Güterangebots. Dabei wird die geplante (reale) Konsumnachfrage nicht als vom Zins, sondern vom geplanten (realen) Volkseinkommen abhängig angesehen, das dem geplanten Güterangebot entspricht:[1]

(84) $\quad C = C(Y^a)$

Wenn man (84) z.B. wie folgt spezifiziert:

(85) $\quad C = a + bY^a, \quad 0 < b < 1,$

dann ist $b = dC/dY^a$ die gesamtwirtschaftliche marginale Konsumquote. Sie gibt an, wieviel von einer Einheit zusätzlichen Volkseinkommens die Haushalte zusätzlich konsumieren. Wenn wir zur Vereinfachung der Symbolik $Y = Y^a$ schreiben und berücksichtigen, daß gilt

(86) $\quad Y = C + S,$

dann erhalten wir aus der Konsumfunktion (85) folgende gesamtwirtschaftliche Sparfunktion:

---

[1] Y^a ist hier eigentlich das nach Abzug aller Steuern und Abgaben verbleibende verfügbare Einkommen.

(87) $S = Y - C = -a+(1-b)Y$,

wo $(1-b) = s = dS/dY$ die gesamtwirtschaftliche marginale Sparquote bezeichnet, die angibt, wieviel von einer Einheit zusätzlichen Volkseinkommens die Haushalte zusätzlich sparen. Wegen $s + b = 1$ impliziert jede Einkommenserhöhung sowohl eine Erhöhung des Konsums als auch der Ersparnis. Diesen Zusammenhang nannte Keynes ein „fundamentales psychologisches Gesetz".[1]

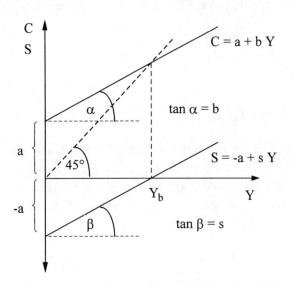

Abb. 46 - Konsum- und Sparfunktion (absolute Einkommenshypothese)

Die Konsumfunktion (84) und die Sparfunktion (87) sind in Abb. 46 graphisch dargestellt. Bei Y_b entspricht der Konsum der Höhe des Volkseinkommens, d.h. die Ersparnis ist Null. Es wird deshalb als Basiseinkommen bezeichnet.

Die zweite Komponente der gesamtwirtschaftlichen Nachfrage, die Nachfrage nach Investitionsgütern, wird im keynesianischen Modell wie folgt abgeleitet. Auch hier ist - wie im klassisch-neoklassischen System - zunächst der Zins die zentrale Erklärungsvariable für die

---

[1]   Die keynesianische Konsumfunktion obigen Typs wird auch als „absolute" Einkommenshypothese bezeichnet, weil das „absolute" Einkommen - und z.B. kein „relatives" - das Argument der Konsumfunktion bildet.

Investitionsnachfrage. Dahinter steht die Annahme, daß jeder Investor eine subjektive Zielvorstellung darüber hat, wie hoch die Verzinsung des eingesetzten Kapitals mindestens sein sollte, mit der er also mindestens kalkuliert. In diesen Kalkulationszins geht der Kapitalmarktzins ein, denn zu diesem könnte der Investor alternativ zur geplanten Investition sein Kapital anlegen, und ebenso eine Risikoprämie dafür, daß die geplante Investition sich möglicherweise als Fehlinvestition herausstellt. Liegt nun der Kalkulationszins des Investors über der voraussichtlich zu erwartenden (internen) Verzinsung der Investition, so lohnt sich diese, und der Investor wird sie folglich durchführen. Im umgekehrten Fall unterbleibt die Investition. Die Abhängigkeit der Investition vom Kapitalmarktzins erklärt sich nun daraus, daß sich mit steigendem Marktzins auch der subjektive Kalkulationszins des Investors erhöht und die interne Verzinsung einer Investition übersteigen kann. Aus diesem Gedankengang folgt unmittelbar: Je höher der Kapitalmarktzins ist, desto kleiner sind Anzahl und Gesamtwert der Investitionsmöglichkeiten in einer Volkswirtschaft, von denen man eine über diesem Zinssatz liegende interne Verzinsung erwarten kann. Dies bedeutet, daß die Investitionen mit steigendem Kapitalmarktzins abnehmen, mit sinkendem Zins steigen:

$$(88) \quad I = I(\underset{-}{i})$$

Im keynesianischen Theoriegebäude findet sich neben der Zinsabhängigkeit der Investitionen auch die Hypothese, daß die geplanten Investitionen eine zunehmende Funktion der geplanten Änderung des Güterangebots (Nettosozialprodukts) sind. Wir nennen dies die Hypothese der Einkommensabhängigkeit der Investitionen, die auch als Akzelerationsprinzip bezeichnet wird:

$$(89) \quad I = I(\underset{+}{\Delta Y})$$

Eine einfache Spezifizierung von (89) lautet

$$(90) \quad I = \alpha \Delta Y, \quad \alpha > 0,$$

wo α den Akzelerator bezeichnet. Man erkennt, daß die Investitionen zunehmen, wenn die geplante Änderung des Volkseinkommens zunimmt; die Investitionen nehmen ab, wenn das Volkseinkommen mit abnehmenden Zuwächsen steigt. Dieser Zusammenhang läßt sich graphisch wie folgt darstellen, wenn wir anstelle der ersten Differenz ΔY die erste Ableitung dY/dt setzen:

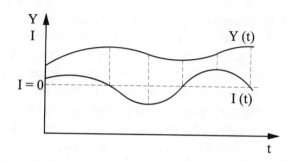

Abb. 47 - Volkseinkommen und Investitionen im Zeitverlauf (Akzelerationsprinzip)

Mit dem Akzelerationsprinzip lassen sich mithin Schwankungen von Produktion und Investitionen im Zeitverlauf darstellen. Integriert man die Akzelerationshypothese der Investitionsnachfrage in das keynesianische Makromodell, so verläßt man die statische Betrachtungsweise und geht über zur dynamischen. Dies soll hier aber nicht weiter verfolgt werden.

Damit ergibt sich nunmehr für die gesamtwirtschaftliche Güternachfrage die Funktion

(91) $Y^n = C(Y) + I(i)$.
            $+$ $-$

Da angenommen wird, daß sich das Angebot auf die Nachfrage einstellt, gilt

(92) $Y^a = Y^n = Y^* = C(Y^*) + I(i)$

als Gütermarktgleichgewichtsbedingung. Bei konstantem Zins und damit konstanten Investitionen läßt sich das graphisch wie folgt illustrieren:

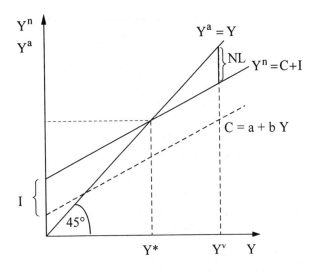

Abb. 48 - Einkommenstheoretisches Gleichgewicht

Y^* ist das sog. einkommenstheoretische Gleichgewicht, in dem sich die tatsächliche Produktion an die geplante Nachfrage angepaßt hat.[1] Dieses Gleichgewicht auf dem Gütermarkt bedeutet keineswegs - und das ist eine der zentralen Keynes-Botschaften -, daß simultan auch Gleichgewicht auf dem Arbeitsmarkt, also Vollbeschäftigung, herrscht, denn das Vollbeschäftigungseinkommen kann z.B. bei Y^v liegen. Y^* ist dann ein Gütermarktgleichgewicht bei unfreiwilliger Arbeitslosigkeit (Unterbeschäftigungsgleichgewicht).

Das Vollbeschäftigungseinkommen Y^v kann aber offensichtlich nicht erreicht werden, weil dort eine Nachfragelücke in Höhe von NL besteht.[2] Wenn die privaten Haushalte und Unternehmungen sie nicht durch eine Erhöhung ihrer Nachfrage beseitigen, dann könnte und sollte dies - so die Vorstellung von Keynes - durch den Staat erfolgen, indem dieser seine Ausgaben für Konsum- und/oder Investiti-

---

[1]   Würde das Saysche Gesetz gelten, müßte sich die geplante Nachfrage stets auf der 45°-Linie bewegen.

[2]   Diese Nachfragelücke (Überschußangebot) beim Vollbeschäftigungseinkommen wird auch als deflatorische Lücke bezeichnet. Im Falle einer Angebotslücke (Überschußnachfrage) spricht man von einer inflatorischen Lücke.

onsgüter erhöht und damit eine Verlagerung der Y^n-Funktion nach oben bewirkt.[1]

Wichtig ist zu erkennen, was passiert, wenn das Güterangebot tatsächlich zunächst bei Y^v liegt, die Güternachfrage also um NL geringer ist als das Güterangebot. Die Produzenten werden dann ihr Angebot so lange einschränken, bis es das Niveau von Y^* erreicht hat. Es entsteht damit ein kumulativer Mengenkontraktionsprozeß, der zu Rezession und Arbeitslosigkeit führt. Man kann sagen, daß es dieser Anpassungsprozeß nach unten ist, der im keynesianischen Denken ein zentrales Theorieelement für die Erklärung anhaltender Arbeitslosigkeit darstellt und einen wesentlichen Unterschied zum klassisch-neoklassischen Modell beschreibt.

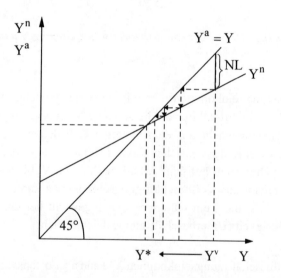

Abb. 49 - Kontraktiver Multiplikatorprozeß

Die kumulative Einkommenskontraktion von Y^v nach Y^* wird auch als Multiplikatorprozeß bezeichnet und läßt sich algebraisch formulieren. Mit der spezifizierten Konsumfunktion der Gleichung (85)

---

[1] Hierin liegt eine neue Dimension gegenüber dem klassisch-neoklassischen Modell, in dem eine Nachfragelücke automatisch zu einer Zinssenkung und damit zu Konsum- und Investitionssteigerungen bis hin zur Vollbeschäftigung führen würde. Bei Keynes hingegen reagiert nicht der Zins, es müssen vielmehr „von außen" (Staat) die Nachfragekomponenten stimuliert werden.

erhält man, wenn man die Investitionen als gegeben betrachtet, für das Gleichgewichtseinkommen

(93) $Y^* = a + bY^* + I$,

und daraus folgt:

(94) $Y^* = \dfrac{a+I}{1-b}$

Ein Multiplikatorprozeß wird ausgelöst, wenn sich z.B. die Investitionsnachfrage ändert. Dann läßt sich ableiten:

(95) $\dfrac{dY^*}{dI} = \dfrac{1}{1-b}$

bzw. in Differenzen ausgedrückt:

(96) $\Delta Y^* = \dfrac{1}{1-b}\,\Delta I$

Der Ausdruck 1/1-b ist der Multiplikator, der offensichtlich um so größer ist, je größer die marginale Konsumquote ist und vice versa. Er zeigt das Vielfache an, um das sich das Volkseinkommen bei Variation der Nachfrage ändert. Es muß betont werden, daß der Multiplikatorprozeß sowohl kontraktiv als auch expansiv wirkt, je nachdem, ob die Nachfrage fällt oder steigt. So würde z.B. - und dies ist die Grundidee des keynesianischen Ansatzes zur Beseitigung von Rezession und Arbeitslosigkeit - eine Erhöhung der staatlichen Konsum- und/oder Investitionsnachfrage einen expansiven Multiplikatorprozeß auslösen.

Faßt man das Ergebnis unserer Überlegungen zusammen, so wird deutlich, daß das Gleichgewicht auf dem Gütermarkt formulierbar ist als

(97) $Y^* = \min(\underset{+}{Y^n}(Y, \underset{-}{i}), Y^a(\underset{-}{\tfrac{w}{p}}))$

d.h. es wird bestimmt durch den jeweils kleineren Wert des Volkseinkommens, das aufgrund der Güternachfrage oder aufgrund des
reallohnbestimmten Güterangebots entsteht.

4.3 Geldmarkt

Auch auf dem Geldmarkt gibt es im keynesianischen Modell Modi-
fikationen gegenüber dem klassisch-neoklassischen Ansatz. Keynes
führt neben das Transaktionsmotiv der Kassenhaltung das Spekulationsmotiv ein. Die Wirtschaftssubjekte halten Geld (Spekulationskasse), um sich gegen erwartete Kursverluste festverzinslicher Wertpapiere zu schützen. Transaktions- und Spekulationsmotiv werden
additiv verbunden:[1]

$$(98) \quad \tilde{M}^n = \underset{+}{\tilde{M}^n_T(Y)} + \underset{-}{\tilde{M}^n_S(i)} = \underset{+ \ -}{\tilde{M}^n(Y,i)}$$

mit $\tilde{M}^n_T$ als realer Transaktions- und $\tilde{M}^n_S$ als realer Spekulationskas-
sennachfrage. Die negative Zinsabhängigkeit der Spekulationskas-
sennachfrage kann wie folgt begründet werden. Wegen des inversen
Verhältnisses zwischen Kurswert und interner Verzinsung eines
Wertpapiers[2] entspricht einem erwarteten Kursverfall die Erwartung
eines steigenden (internen) Zinssatzes. Die Annahme ist nun, daß die
Wirtschaftseinheiten zu jedem Zeitpunkt subjektive Vorstellungen
über ein bestimmtes „Normalzinsniveau" bzw. „Normalkursniveau"
der Wertpapiere haben. Je weiter sich nun das tatsächliche Zins-
bzw. Kursniveau eines Wertpapiers von dem als normal angesehe-
nen Niveau nach oben oder unten entfernt, desto stärker werden Erwartungen in bezug auf Zins- bzw. Kurskorrekturen gebildet. Ist also
der Marktzins relativ niedrig, d.h. sind die Wertpapierkurse relativ
hoch, so werden die Wirtschaftseinheiten Kurssenkungen erwarten.

---

[1] Keynes hat noch ein drittes Kassenhaltungsmotiv genannt: das Vorsichtsmotiv. Geld wird
danach gehalten aus Unsicherheit über das tatsächliche Transaktionsvolumen in der Zukunft.
Die Vorsichtskassenhaltung wird formal wie die Spekulationskassenhaltung gehandhabt, so
daß sie hier nicht explizit herausgestellt wird. Im übrigen hat Keynes betont, daß man einer
bestimmten Kasse nicht ansehen kann, aus welchen der drei Motive sie gehalten wird.

[2] Bei einem Nominalzinssatz eines festverzinslichen Wertpapiers von z.B.10% steigt die interne Verzinsung auf 11%, wenn man das Wertpapier nicht zum Kurswert von 100, sondern
von 91 kauft, und sie sinkt auf 9%, wenn der Kurswert von 100 auf 111 steigt.

Um die damit verbundenen Vermögensverluste zu vermeiden, ist es rational, Wertpapiere zu verkaufen und statt dessen (Spekulations-) Kasse zu halten. Bei niedrigem Zinssatz wird mithin viel, bei hohem Zins wenig Spekulationskasse gehalten.[1] Die von Keynes als Liquiditätspräferenzfunktion bezeichnete Geldnachfragefunktion (98) läßt sich damit wie in Abb. 50 illustrieren.

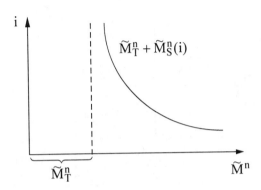

Abb. 50 - Keynesianische Liquiditätspräferenzfunktion

Mit steigendem Zins verläuft die Funktion immer steiler (zinsunelastischer) und mit sinkendem Zins immer flacher (zinselastischer). Der Bereich mit (annähernd unendlich) hoher Zinselastizität, in dem die Wirtschaftseinheiten hohe Bestände an Spekulationskasse halten, ist von Keynes - völlig im Gegensatz zum klassisch-neoklassischen Geldnachfrageansatz - als temporär durchaus relevant angesehen worden. Dieser Bereich wird auch als „Liquiditätsfalle" bezeichnet, weil jedes zusätzliche Geldangebot des Bankensystems von den Wirtschaftseinheiten zu Spekulationszwecken gehortet, d.h. weder zu Wertpapier- noch zu Güterkäufen verwendet wird.

Integrieren wir ein gegebenes Geldangebot der Zentralbank und der Geschäftsbanken (vgl. dazu Kap. IV.2.3, S. 81ff.) in dieses Bild, so kann damit der Gleichgewichtszinssatz auf dem Geldmarkt bestimmt

---

[1] Die einzelnen Wirtschaftssubjekte halten bei jedem Zins zwar entweder Kasse oder Wertpapiere, aber die gesamtwirtschaftliche (aggregierte) Geldnachfrage korreliert invers mit dem Zins, weil der „kritische" Zins, bei dem die Wirtschaftssubjekte jeweils von Wertpapier auf Geld (oder umgekehrt) umsteigen, bei jedem unterschiedlich hoch ist, so daß in der Volkswirtschaft bei jedem Zins immer sowohl Kasse als auch Wertpapiere gehalten werden.

werden: Das Geldmarktgleichgewicht ergibt sich dort, wo reales Geldangebot (M^a/p) und reale Geldnachfrage ($\tilde{M}^n$) übereinstimmen:

$$(99) \quad \frac{M^a}{p} = \underset{+ \; -}{\tilde{M}^n(Y, i)}$$

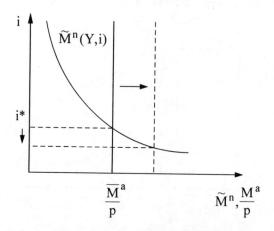

Abb. 51 - Gleichgewicht auf dem Geldmarkt

Der Gleichgewichtszins i* wird bei Keynes mithin auf dem Geldmarkt bestimmt im Gegensatz zum klassisch-neoklassischen Ansatz, in dem der Zins auf dem Gütermarkt determiniert wird. Dieser Zins kann zu hoch sein mit der Folge, daß nicht genügend Investitionen stimuliert werden, um Vollbeschäftigung zu erreichen. Durch eine Geldangebotsausweitung könnte - wie in Abb. 51 aufgezeigt - der Zins gesenkt werden. Entsprechend umgekehrt würde eine Geldangebotsverknappung den Zinssatz erhöhen.

4.4 Markt für Schuldverschreibungen (Kapitalmarkt)

Hier gilt im Gleichgewicht wieder, daß geplante Ersparnis und geplante Investitionen übereinstimmen, wobei die Ersparnis zur Nachfrage nach und die Investitionen zum Angebot an Wertpapieren führen:

$$(100) \quad \underset{+}{S(Y)} = \underset{-}{I(i)}$$

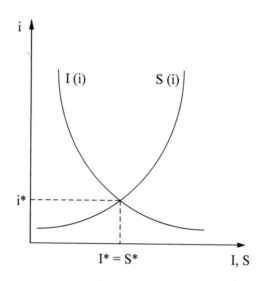

Abb. 52 - Gleichgewicht auf dem Bondsmarkt

Gegenüber dem klassisch-neoklassischen Ansatz sei noch einmal hervorgehoben, daß die Ersparnis nicht vom Zins, sondern vom Einkommen abhängt und daß demzufolge das Kapitalmarktgleichgewicht nur bei gegebenem Einkommen über einen flexiblen Zinssatz hergestellt wird.

4.5 Zinssatz und Volkseinkommen: Die IS- und LM-Funktion

Das keynesianische Modell, dessen Märkte bisher einzeln behandelt wurden, kann auf eine Form „reduziert" werden, die in der Literatur breite Erörterung gefunden hat. Es geht dabei um die simultane Bestimmung der Gleichgewichtswerte von Volkseinkommen und Zinssatz. Diese ergeben sich, wenn Kapitalmarkt bzw. Gütermarkt und Geldmarkt im Gleichgewicht sind: $I = S$ und $\tilde{M}^n = \tilde{M}^a$. Da in der anglo-amerikanischen Terminologie die Geldnachfrage mit L^1 und das Geldangebot mit M bezeichnet wird, spricht man auch von der sog. IS- und LM-Funktion.

---

[1] L steht für „Liquidity preference".

IS-Funktion

Die IS-Funktion leitet sich aus der Fragestellung ab, welches Gleichgewichtseinkommen bei alternativen Zinssätzen generiert wird. Wir illustrieren die Herleitung der Funktion wie folgt: Abb. 53 (a) und (b) gehen vom einkommenstheoretischen Gleichgewicht Y_0 aus. In der Güternachfrage Y_0^n ist neben der Konsum- eine Investitionsnach-

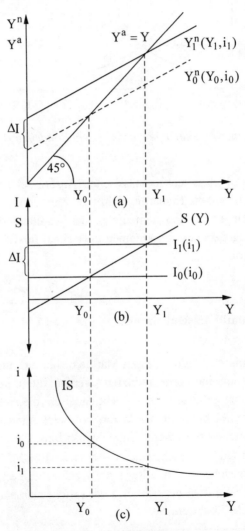

Abb. 53 - Herleitung der IS-Funktion

frage enthalten, die beim Zinssatz i_0 realisiert wird. Sinkt nun der Zinssatz auf i_1, so steigen die Investitionen um ΔI und die Gesamtnachfrage auf Y_1^n. Wir erhalten ein neues höheres Einkommen Y_1. Die IS-Kurve in Abb. 53 (c) zeigt diesen inversen Zusammenhang zwischen Zinssatz und Gleichgewichtseinkommen auf.

LM-Funktion

Die LM-Funktion leitet sich aus der Fragestellung ab, welches Volkseinkommen mit alternativen Zinssätzen vereinbar ist, wenn der Geldmarkt im Gleichgewicht bleiben soll. Die graphische Herleitung kann dann wie folgt vorgenommen werden:

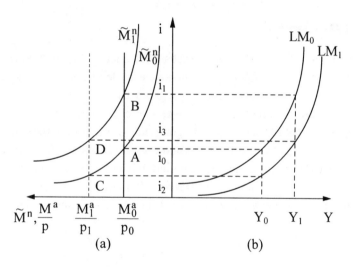

Abb. 54 - Herleitung der LM-Funktion

In Abb. 54 (a) sei A das ursprüngliche Geldmarktgleichgewicht, das sich bei gegebenem Geldangebot M_0^a/p_0 und der Geldnachfragefunktion $\widetilde{M}_0^n(Y_0, i)$, die beim Einkommen Y_0 gilt, einstellt. Steigt das Volkseinkommen auf Y_1, so verschiebt sich aufgrund der Nachfrageerhöhung nach Transaktionskasse die Geldnachfragefunktion nach links von $\widetilde{M}_0^n$ nach M_1^n. Das neue Gleichgewicht in B impliziert einen höheren Zinssatz i_1.[1] Ein höheres Einkommen führt also im Geldmarktgleichgewicht zu einem höheren Zinssatz, was durch die LM_0-Funktion aufgezeigt wird.

Wie wirkt eine Erhöhung oder Verringerung des realen Geldangebots auf die LM-Funktion? Das reale Geldangebot kann durch eine Erhöhung des nominalen Geldangebots oder durch eine Senkung des Preisniveaus erfolgen. Aus (a) erkennen wir, daß sich in beiden Fällen eine Linksverschiebung der Geldangebotsfunktion ergibt mit der Folge, daß C bzw. D die neuen Geldmarktgleichgewichte repräsentieren, die eine entsprechende Rechtsverschiebung der LM-Funktion nach sich zieht. Analog ergibt sich eine LM-Linksverschiebung bei einer Einschränkung des realen Geldangebots.

IS-LM-Diagramm

Die IS-Funktion ist der geometrische Ort aller I=S-Gleichgewichte und ist insofern der Gleichgewichtslokus für den Bondsmarkt. In der Literatur wird sie gewöhnlich als geometrischer Ort aller Gütermarktgleichgewichte bezeichnet, was - unter bestimmten Voraussetzungen - ebenfalls seine Berechtigung hat. Die LM-Funktion ist der Gleichgewichtslokus aller Geldmarktgleichgewichte. Der Schnittpunkt beider Funktionen repräsentiert mithin simultane Gleichgewichte auf Bondsmarkt (bzw. Gütermarkt) und Geldmarkt mit den Gleichgewichtswerten von Zinssatz (i*) und Einkommen (Y*).

Dieses IS-LM-Diagramm ist, auf einen kurzen Nenner gebracht, die Interpretation des keynesianischen Systems durch den englischen Nationalökonomen John R. Hicks im Jahre 1937, also ein Jahr nach Erscheinen der General Theory von Keynes. Heute sehen manche Theoretiker diese Interpretation als eine unter verschiedenen möglichen. Da sie jedoch die traditionelle Keynes-Interpretation widerspiegelt, soll hier noch etwas näher auf das IS-LM-Schema eingegangen werden. Dabei konzentrieren wir uns auf die Wirkungen der Verschiebungen der IS- und/oder LM-Funktion, die als Folge wirt-

---

[1]   Der Zinssatz steigt deshalb, weil wegen des konstanten Geldangebots eine Erhöhung des Transaktionskassenbedarfs nur durch eine Verringerung der zinsabhängigen Spekulationskassenhaltung möglich ist.

schaftspolitischer Maßnahmen (Fiskalpolitik und Geldpolitik) auftreten.

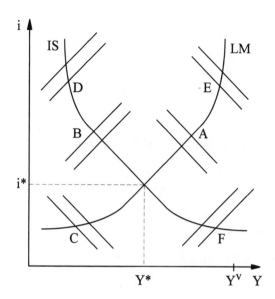

Abb. 55 - IS-LM-Diagramm

Aus Abb. 55 erkennt man, daß Verschiebungen der IS-Funktion im Bereich A Veränderungen sowohl des Einkommens als auch des Zinssatzes zur Folge haben. Der Staat könnte z.b. mit einer Ausgabensteigerung (expansive Fiskalpolitik) eine Einkommenserhöhung und damit eine Beschäftigungssteigerung bei steigendem Zinssatz erreichen, wenn Y* kleiner ist als z.b. das Vollbeschäftigungseinkommen Y^v. Im Bereich B könnte eine Geldmengenerhöhung (expansive Geldpolitik) die Einkommenserhöhung bei sinkendem Zins bewirken. In den Extrembereichen C und D produziert nur die Fiskalpolitik reale Einkommenseffekte, die Geldpolitik ist wirkungslos. In den Extrembereichen E und F ist nur die Geldpolitik real wirksam, die Fiskalpolitik dagegen nicht. Es müssen die besonders fiskalpolitikwirksamen Bereiche C und D als gegenüber der Klassik-Neoklassik extrem abweichende Varianten der keynesianischen Makroökonomie herausgestrichen werden. Der Bereich C impliziert die bereits erwähnte Liquiditätsfalle, bei der die Geldnachfrage völlig zinselastisch ist. Den Bereich D kann man entsprechend als Investitionsfalle bezeichnen, weil Zinssenkungen keinerlei Einfluß auf die Investitionsnachfrage haben, die Investitionen also völlig zinsunelastisch sind.

In dieser Art der Betrachtung alternativer IS-LM-Konstellationen liegt der Kern der Debatte um die Wirksamkeit der Fiskal- und Geldpolitik zur Bekämpfung von Arbeitslosigkeit, wenn man diese Debatte auf Basis keynesianischer Modellannahmen führt.

5. Das keynesianische Gesamtmodell

Das keynesianische Gesamtsystem läßt sich nunmehr zusammenfassend formulieren.

Arbeitsmarkt:

$$N = \min(N(\underset{-}{\tfrac{w}{p}}), N(\underset{+}{Y^n})) \le A(\underset{+}{\tfrac{w}{p}})$$

Gütermarkt:

$$Y^* = \min(\underset{+\ -}{Y^n(Y, i)}, Y^a(\underset{-}{\tfrac{w}{p}}))$$

Geldmarkt:

$$\widetilde{M}^n(\underset{+\ -}{Y, i}) = \frac{M^a}{p}$$

Bondsmarkt (Kapitalmarkt):

$$S(\underset{+}{Y}) = I(\underset{-}{i})$$

Graphisch zeigt Abb. 56 das Gesamtsystem auf. Dabei wird zum einen ein Zustand des Vollbeschäftigungsgleichgewichts ($Y^v=Y^*$) und zum anderen ein durch einen Nachfragerückgang hervorgerufenes Unterbeschäftigungsgleichgewicht (Y^*_u) dargestellt. Dieser Nachfragerückgang ist in der Graphik jeweils durch eine Linksverschiebung der Spar- und Investitionsfunktion (Quadrant III und V) aufgezeigt, d.h. er realisiert sich durch eine autonome Reduzierung der Konsum- und Investitionsnachfrage. Bei konstantem Reallohn (w/p)* sinkt die Beschäftigung (Quadrant I).

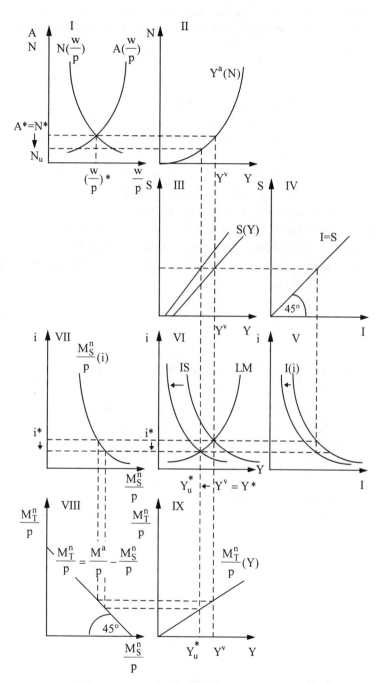

Abb. 56 - Das keynesianische Gesamtmodell

Aus diesem Gesamtsystem läßt sich ein Zusammenhang aufzeigen, der in makroökonomischen Modellen eine zentrale Rolle spielt: die makroökonomische (aggregierte) Angebots- und Nachfragefunktion in Abhängigkeit vom Preisniveau. Zunächst gehen wir von Quadranten VI aus - und verweisen zudem auf die in Kap. IV.4.5., S. 103f. abgeleitete Beziehung - und erkennen, daß alternative Preisniveaus unterschiedliche Lagen der LM-Funktion bewirken: Steigt p, so entspricht dies einer Verringerung der realen Geldmenge, und die LM-Funktion verschiebt sich nach links. Entsprechend verschiebt sie sich nach rechts bei einer p-Senkung, die wie eine reale Geldmengenerhöhung wirkt. Man sieht, daß es in bezug auf das Volkseinkommen eine inverse Beziehung gibt: Steigt das Preisniveau, dann verringert sich das Volkseinkommen, d.h. die Güternachfrage sinkt und vice versa. Die $Y^n(p)$-Funktion ist mithin der geometrische Ort aller Y,p-Kombinationen, für die ein simultanes IS-LM-Gleichgewicht vorliegt.

Anders beim Güterangebot Y^a. Dieses läßt sich über die Quadranten I, II und X (Abb. 57) in seiner Abhängigkeit vom Preis ableiten. Quadrant X bedarf noch einer Erläuterung. Er stellt die Beziehung zwischen Reallohn und Preis dar, wenn der Nominallohn fixiert ist. Ein steigendes Preisniveau entspricht dann einem gesunkenen Reallohn, der wiederum die Arbeitsnachfrage erhöht und - über die Produktionsfunktion - zu einem erhöhten Güterangebot führt. Ein sinkendes Preisniveau bewirkt dementsprechend eine Reduktion des Güterangebots. Die Güternachfrage- und -angebotsfunktion ergeben sich dann unmittelbar, wie in Quadrant XI aufgezeigt, und Gütermarktgleichgewicht existiert in deren Schnittpunkt. In der angloamerikanischen Literatur werden die Funktionen auch als AD- und AS-Funktionen bezeichnet.[1]

---

[1] AD = Aggregate Demand, AS = Aggregate Supply.

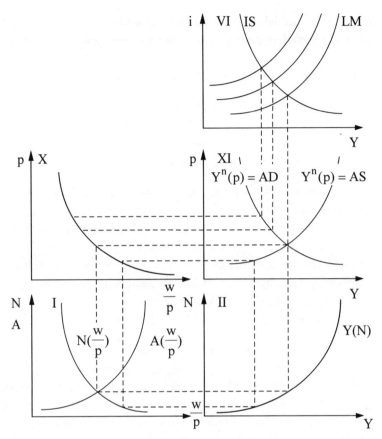

Abb. 57 - Aggregierte Güternachfrage- und -angebotsfunktionen
(AD und AS)

6. Klassik-Neoklassik und Keynes - ein Vergleich

Mit der Darstellung der grundsätzlichen Strukturen des klassisch-neoklassischen und keynesianischen Systems haben wir die Grundlage gelegt für das Verständnis moderner makroökonomischer Theorie. Während klassisch-neoklassisches Denken bis in die 1930er Jahre dominierte, begann danach die hohe Zeit des Keynesianismus, der mehr oder weniger auch die praktischen Leitbilder wirtschaftspolitischen Handelns der Regierungen westlicher Staaten bis in die 1970er Jahre hinein prägte. Danach haben sich die Leitbilder ausdifferenziert, aber sie entfernten sich weitgehend wieder von Keynes und besannen sich in verschiedenen Ausprägungen zurück auf das klassisch-neoklassische Paradigma.

Es erscheint nun sinnvoll, einige grundsätzliche Unterschiede zwischen der Klassik-Neoklassik und Keynes noch einmal herauszustellen, denn auf ihnen basieren verschiedene Varianten und Weiterentwicklungen der ökonomischen Theorie.

1. Zunächst unterscheiden sich beide Ansätze hinsichtlich der Analysezeiträume. Während der klassisch-neoklassische Ansatz auf (mittel- bis) langfristige Zeiträume ausgerichtet ist, zielt die keynesianische Analyse auf eher kurzfristige Perioden ab. Demgemäß gehören kurzfristige Störungen eines längerfristig sich einstellenden Gleichgewichts nicht zum zentralen Untersuchungsgegenstand des klassisch-neoklassischen, wohl aber des keynesianischen Ansatzes.

2. Die Klassik-Neoklassik unterstellt, daß es in einer Marktwirtschaft langfristig eine Anpassungstendenz zum Gleichgewicht gibt, Marktgleichgewichte also stabil sind. Es besteht die Vorstellung, daß die Marktwirtschaft ein selbstregulierendes System ist, das prinzipiell keiner Intervention des Staates bedarf, um sich zum Gleichgewicht zu bewegen. Im Gegenteil: Interventionen würden den Anpassungsweg zum Gleichgewicht nur stören, der Staat solle sich deshalb aus der aktiven Steuerung des Wirtschaftsgeschehens heraushalten und nur die Rahmenbedingungen und Regeln aufstellen, unter denen die Wirtschaftseinheiten ihre ökonomischen Aktivitäten entfalten.

3. Dagegen kreist das keynesianische Denken um die kurzfristigen Abweichungen vom gleichgewichtigen Entwicklungspfad einer Volkswirtschaft, wobei die langfristige Gleichgewichtsorientierung der Marktwirtschaft im Prinzip nicht in Frage steht.[1] Um die Abweichungen, die u.a. von Marktunvollkommenheiten wie tem-

---

[1] Die Tatsache, daß Keynesianer von langfristig funktionierender, kurzfristig allerdings gestörter Anpassungsfähigkeit des Marktsystems zum Gleichgewicht ausgehen, hat dieser Theorie die Bezeichnung „Neoklassische Synthese" eingetragen.

porär starren Preisen und Nominallöhnen, vom und die Anpas-
sungszeiträume zum langfristigen Gleichgewicht zu minimieren,
solle der Staat direkt intervenieren, indem er temporär Ausgaben
und Einnahmen variiert und damit die gesamtwirtschaftliche
Nachfrage beeinflußt. Das Interventionsmuster ist antizyklisch
ausgerichtet, d.h. in Phasen des Nachfragerückgangs (Rezession)
solle der Staat seine Ausgaben erhöhen und Steuern senken, in
Zeiten der Nachfrageüberhitzung (Boom) seine Ausgaben senken
und Steuern erhöhen.

4. Die theoretischen Unterschiede zwischen dem klassisch-neoklassischen und dem keynesianischen Modell lassen sich - in ihren
   Extremen - besonders anschaulich anhand des AD-AS-Diagramms
   verdeutlichen.

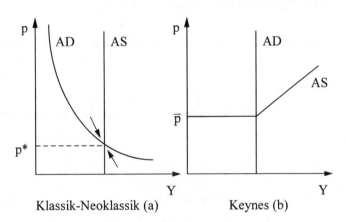

Abb. 58 - Klassik-Neoklassik und Keynes im Vergleich

Zur Graphik 58 (a): Das aggregierte Güterangebot ist im klassisch-
neoklassischen Modell - auf längere Sicht - völlig unelastisch, die
Güternachfrage preiselastisch, der Preismechanismus funktioniert
nach oben und unten flexibel. Die völlige Unelastizität des
Angebots resultiert aus der Annahme, daß sich der Reallohn auf dem
Arbeitsmarkt stets so einstellt, daß Vollbeschäftigung - bzw. eine als
„natürlich"[1] bezeichnete Arbeitslosigkeit - herrscht. Die Graphik 58

---

[1]   Natürliche Arbeitslosigkeit kennzeichnet eine Arbeitsmarktsituation der „freiwilligen" Unterbeschäftigung, bei der ein Lohndruck weder nach oben noch nach unten entsteht.

(b) zeigt, daß im keynesianischen System kurzfristig ein nach unten starres Preisniveau unterstellt wird, d.h. das Güterangebot im Preissenkungsbereich völlig elastisch ist. Die Begründungen der Preisstarrheit sind dabei vielfältig. Sie reichen von einfachen empirischen Beobachtungen, von Starrheiten aufgrund institutioneller Preisfixierungen, Marktunvollkommenheiten durch oligopolistische Preissetzung bis hin zu Preisstarrheiten, die aufgrund ökonomischen Rationalkalküls der Wirtschaftseinheiten zustande kommen, in dem davon ausgegangen wird, daß fixe Preise geringere Kosten (Informations- und Transaktionskosten) verursachen als flexible.

7. Weiterentwicklung der klassisch-neoklassischen Theorie

7.1 Erwartungen in der ökonomischen Theorie

Die skizzierten Grundelemente der klassisch-neoklassischen Theorie bilden den Kern, der allerdings durch eine Vielzahl von Verfeinerungen, Verästelungen und Weiterentwicklungen komplettiert wird, von denen wir hier nur einzelne präsentieren können. Im Zentrum steht dabei der Einbau von Erwartungen in die ökonomische Theorie.

Man kann feststellen, daß bei unterschiedlichen Erwartungen, die die Wirtschaftseinheiten über die zukünftige Entwicklung bestimmter Größen haben, die Ergebnisse des Wirtschaftsprozesses auch unterschiedlich ausfallen. So ist es klar, daß z.B. die Nachfrage nach Öl heute größer ist, wenn für morgen ein steigender Ölpreis erwartet wird und vice versa.

Wie bilden sich Erwartungen? In der Wirtschaftstheorie werden vor allem drei Hypothesen der Erwartungsbildung hervorgehoben. Die extrapolative (statische) Erwartungsbildung bedeutet, daß Vergangenheitswerte in die Zukunft extrapoliert werden. Diese Erwartungsbildung enthält keinen Lerneffekt, der z.B. Erwartungsirrtümer der Vergangenheit berücksichtigt. In der adaptiven Erwartungsbildung wird versucht, Lerneffekte durch Berücksichtigung von Vergangenheitsirrtümern einzubeziehen. Die anspruchsvollste Erwartungsbildung liegt zweifellos vor, wenn die Wirtschaftseinheiten sich möglichst viel Wissen über die Zusammenhänge (das „wahre" Modell) verschaffen, auf die sich ihre Erwartungsbildung bezieht. Es handelt sich dann um die Bildung von rationalen Erwartungen.

Man kann alle drei Erwartungsbildungshypothesen formal kurz wie folgt beschreiben:

Extrapolative (statische) Erwartungsbildung: $\quad _{t-1}p_t^e = p_{t-1}$

Adaptive Erwartungsbildung: $\quad _{t-1}p_t^e = {_{t-2}}p_{t-1}^e + \alpha\,(p_{t-1} - {_{t-2}}p_{t-1}^e)$

Rationale Erwartungsbildung: $\quad _{t-1}p_t^e = E(p_t|I_{t-1})$

Dabei ist $_{t-1}p_t^e$ der in der Periode t-1 für die folgende Periode t erwartete Preis (Analoges gilt für $_{t-2}p_{t-1}^e$). α $(0<\alpha<1)$ stellt einen Korrekturfaktor für den im Klammerausdruck enthaltenen Erwartungsirrtum dar. Schließlich ist $E(p_t|I_{t-1})$ der mathematische bedingte Erwartungswert des Preises, der sich auf Basis der Modellstruktur und der in t-1 bekannten Informationsmenge (I_{t-1}) ergibt.

7.2 Neue Klassische Theorie

In der Wirtschaftstheorie hat insbesondere die Hypothese rationaler Erwartungsbildung starke Beachtung gefunden. Sie besagt, daß Wirtschaftseinheiten prinzipiell alle Möglichkeiten nutzen, um ihr Wissen über wirtschaftliche Zusammenhänge zu erhöhen und dadurch ihre Prognosen über die Zukunft zu verbessern. Prognosefehler sind zwar möglich, aber sie sind nicht systematisch, sondern basieren auf Unsicherheiten über die Zukunft. Im Durchschnitt sind die Erwartungen deshalb korrekt.

Was es bedeutet, wenn man Erwartungen explizit in die Modellbildung einbezieht, läßt sich zeigen, wenn wir auf Basis der in Kap. IV.2.1., S. 71, abgeleiteten Arbeitsangebotsfunktion nunmehr annehmen, daß das Arbeitsangebot vom erwarteten Reallohn abhängt:

$$(101) \quad A = A\,(\frac{w}{p^e})$$
$$+$$

Hier wird unterstellt, daß der tatsächliche Nominallohn dem erwarteten entspricht, daß aber das tatsächliche Preisniveau vom erwarteten abweichen kann. Es besteht bei den Arbeitnehmern also eine asymmetrische Informationssituation: Über ihre Löhne sind sie stets vollständig informiert, aber über den Durchschnittspreis ihres Warenkorbes (Preisniveau) bestehen - im Gegensatz zu den Unternehmungen, die diese Preise ja festlegen - Informationsmängel. Derartige unvollkommene Information der Wirtschaftseinheiten ist - anders als in der Klassik-Neoklassik - eine der Grundannahmen der Neuen Klassischen (neuklassischen) Theorie.

Dies läßt sich auch auf die Unternehmungen übertragen. So lautet z.B. eine makroökonomische Güterangebotsfunktion, die vom amerikanischen Ökonomen Robert Lucas vorgeschlagen und deshalb auch als Angebotsfunktion vom Lucas-Typ bezeichnet worden ist:

$$(102) \quad Y^a = Y^a\,(\frac{p}{p^e})$$
$$+$$

Die Annahme ist hier, daß die Produzenten über ihre eigenen Preise vollständig informiert sind, nicht aber über das allgemeine Preisniveau. Ein Anstieg der eigenen Preise wird aus Informationsmangel heraus als ein - gegenüber den anderen Preisen - relativer Preisanstieg betrachtet, der eine Produktionsausweitung lohnend werden läßt. Steigt das tatsächliche Preisniveau aber ebenso, dann wird die Produktionsausdehnung wieder rückgängig gemacht. Die neuklassische Argumentation ist deshalb wie folgt: Bei nicht antizipierter Inflation steigt die Produktion mit steigenden Preisen, weil alle Produzenten von relativen Preiserhöhungen ausgehen. Damit ist die in Kap. IV.5 vorgestellte AS-Funktion mithin auch anders als mit den Annahmen des keynesianischen Modells ableitbar.

Neben der unvollständigen Information bildet die Verbindung der rationalen Erwartungsbildung mit den klassisch-neoklassischen Annahmen der jederzeitigen Markträumung den Kern der Neuen Klassischen Makroökonomik. Sie führt zu einer - etwa gegenüber der keynesianischen Theorie - vollständig anderen Einschätzung der Wirksamkeit einer beschäftigungsorientierten Nachfragesteuerung. Dies läßt sich anhand der sog. Phillips-Kurve verdeutlichen.

7.3 Die Phillips-Kurve

Es handelt sich bei der Phillips-Kurve um einen auf den englischen Ökonomen A.W. Phillips zurückgehenden empirisch ermittelten Zusammenhang zwischen der Lohn- bzw. Preissteigerungsrate ($\hat{p}$) und der Arbeitslosenquote (u). Die Beziehung wurde zunächst als invers betrachtet in dem Sinne, daß eine Zunahme der Beschäftigung mit mehr Inflation verbunden ist.

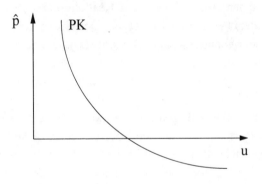

Abb. 59 - Phillips-Kurve

Die Phillips-Kurve enthält also einen Trade-off (Wahlmöglichkeit) zwischen Beschäftigung und Inflation. Wirtschaftspolitisch erscheint dieser Trade-off höchst relevant, da er offensichtlich anzeigt, daß z.B. Vollbeschäftigung nur unter Inkaufnahme einer bestimmten Höhe der Inflation realisierbar ist.

In theoretischen Erklärungen dieser Art der Phillips-Kurve gibt es eine keynesianische und eine klassisch-neoklassische Variante. Die keynesianische Erklärungsbasis geht davon aus, daß Arbeitslosigkeit einen Einfluß auf Lohnerhöhungen hat und diese wiederum auf Preiserhöhungen. Denn mit steigender Arbeitslosigkeit sinkt die Verhandlungsmacht der Arbeitnehmer und ihrer Gewerkschaften um

höhere Löhne und um Reallohnsicherung, d.h. die Lohnsteigerungs-
raten nehmen mit zunehmender Arbeitslosigkeit ab. Da die Lohn-
kosten - im Zusammenhang mit der Arbeitsproduktivität - die Preise
(mit) bestimmen, sinkt die Inflation, wenn die Lohnzuwächse aufgrund höherer Arbeitslosigkeit geringer werden. Mehr Inflation ist
dann also der Preis für weniger Arbeitslosigkeit.[1]

Die klassisch-neoklassische Interpretation der Phillips-Kurve dreht
die keynesianische Kausalitätsannahme um: Die Preissteigerungsra-
ten bestimmen die Höhe der Arbeitslosigkeit. Allerdings wird, wie
wir im klassisch-neoklassischen Modell aufgezeigt haben, Gleichgewicht auf allen Märkten unterstellt, d.h. auch auf dem Arbeitsmarkt, auf dem bei flexiblem Reallohn eine natürliche Arbeitslosigkeit denkbar ist. Ihre Höhe bestimmt sich vor allem dadurch, daß
Arbeitslose keinen Anreiz haben, auf Reallohnsenkungen zu drängen, um (wieder) beschäftigt zu werden. Der Grund kann darin liegen, daß ein ausgebautes soziales Sicherungssystem oder ein demo-
tivierendes Steuersystem den Anreiz zur Arbeitsaufnahme ver-
schwinden läßt, oder auch darin, daß die Strategie der Gewerkschaften primär auf die Reallohnsicherung der Beschäftigten (Insider) und
weniger auf neue Beschäftigungsmöglichkeiten für die Arbeitslosen
(Outsider) ausgerichtet ist.[2] Zudem gibt es immer Arbeitslose, die
ihre bisherige Stellung gekündigt haben und auf der Suche nach
neuer Beschäftigung sind. Sie bestimmen die Höhe der Sucharbeitslosigkeit, die z.B. dadurch zustandekommt, daß die Arbeitsuchenden
keine vollständige Information darüber haben, welche Firmen offene
Stellen zu welchen Bedingungen anbieten. Die natürliche Arbeitslosenquote wird deshalb auch durch unvollständige Information und
der mit ihr verbundenen Suchzeit bestimmt.

Die klassisch-neoklassische Interpretation der Phillips-Kurve verknüpft nun diese Theorie der Sucharbeitslosigkeit mit der Annahme,
daß die Arbeitnehmer nur unvollständig über das herrschende Ni-

---

[1]   Daher rührt der vielfach zitierte Satz aus der politischen Arena: „Lieber 5% mehr Inflation
als 5% mehr Arbeitslosigkeit."

[2]   Insgesamt gilt, daß es bei natürlicher Arbeitslosigkeit keine von der Lohnpolitik herrühren-
den Inflationsimpulse gibt, weshalb die natürliche Arbeitslosenquote auch als
„inflationsneutrale" Quote bezeichnet wird. In der anglo-amerikanischen Literatur findet sich
dafür der Ausdruck NAIRU: Non Accelerating Inflation Rate of Unemployment.

veau der Konsumgüterpreise und Löhne informiert sind und daß sie ihre Erwartungen - mit Zeitverzögerungen - an die tatsächliche Entwicklung anpassen. Dann läßt sich folgendes Szenario darstellen:

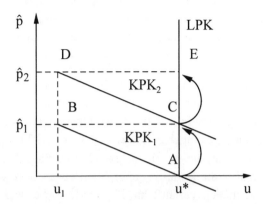

Abb. 60 - Kurz- und langfristige Phillips-Kurve

Ausgangspunkt sei A mit der natürlichen Arbeitslosenquote u^* bei Preisstabilität ($\hat{p} = 0$). Erhöht der Staat seine Nachfrage oder erweitert die Zentralbank das Geldangebot, um die Beschäftigung zu erhöhen, und steigt dadurch das Preisniveau - bei Konstanz der Nominallöhne - mit der Inflationsrate $\hat{p}$, dann sinkt der Reallohn und die Arbeitslosigkeit sinkt von u^* auf u_1. Die Arbeitnehmer werden von der nicht erwarteten Inflation überrascht, passen aber ihre Preiserwartungen an die neue Inflationsrate an. Sie antizipieren diese in ihren Lohnverhandlungen, so daß auch die Nominallöhne um die Inflationsrate steigen. Damit steigt das Reallohnniveau wieder an, und die Beschäftigung sinkt von B auf C, also auf das Niveau der natürlichen Arbeitslosigkeit, herab. Der kurzfristige Beschäftigungseffekt der staatlichen Ausgabenerhöhung oder der monetären Expansion ist verpufft, gleichzeitig aber ist Inflation entstanden. Ein erneuter Versuch staatlicher Beschäftigungsstimulierung würde die Inflation auf $\hat{p}_2$ erhöhen, ohne daß langfristig die Arbeitslosigkeit sinkt.

Dieses Hin und Her zwischen kurz- und langfristiger Arbeitslosigkeit bei ständig steigender Inflation basiert auf der Hypothese adaptiver Erwartungsbildung: Die Arbeitnehmer lassen sich zwar immer wieder täuschen, passen ihre Erwartungen jedoch nachträglich aufgrund vergangenheitlicher Erwartungsirrtümer an. Staat und Zentralbank können zwar kurzfristig den Trade-off zwischen Arbeitslosigkeit und Inflation nutzen, aber nicht durch gleichbleibende Geldmengenexpansion, sondern wegen der Erwartungsanpassung nur durch eine permanente Steigerung des Geldmengenwachstums. Dieser Zusammenhang wird als Akzelerationshypothese bezeichnet, die bei adaptiver Erwartungsbildung zutrifft.

Unterstellt man jedoch, daß die Wirtschaftseinheiten ihre Erwartungen rational bilden, dann wird ein staatliches Expansionsprogramm sich ohne Verzögerung in Inflationserwartungen niederschlagen, die in die Lohnkontrakte eingehen (Abwesenheit von Geldillusion): Der Reallohn sinkt nicht, die Arbeitslosigkeit verharrt auf ihrem natürlichen Niveau, aber die Inflation steigt (Pfeil von A nach C). Bei rationalen Erwartungen verläuft die Phillips-Kurve deshalb vertikal. Die natürliche Arbeitslosenquote ist also mit jeder Inflationsrate vereinbar, es gibt keinen Trade-off mehr zwischen Arbeitslosigkeit und Inflation. Staatliche Ausgabenprogramme sind nicht nur beschäftigungspolitisch wirkungslos, sondern sogar schädlich, weil sie die Inflation befördern. Die einzige Möglichkeit, die Arbeitslosigkeit zu senken, liegt in der Beeinflussung der Bestimmungsgrößen für die natürliche Arbeitslosigkeit.

Mit diesen Ausführungen zur Phillips-Kurve wird etwas Grundsätzliches verdeutlicht: Wirtschaftssubjekte bilden Erwartungen, und wenn diese rational, d.h. dergestalt sind, daß sie wirtschaftspolitische Maßnahmen in ihren Wirkungen antizipieren, dann stellen die Wirtschaftssubjekte sich in ihren Reaktionen auf diese Wirkungen ein und können sie konterkarieren. Damit wird Wirtschaftspolitik wirkungslos, die darauf baut, daß Menschen sich wiederkehrend überraschen oder täuschen lassen und stets im Sinne einer von der Politik gewünschten Richtung reagieren. Dies ist eine der zentralen Aussagen der Neuen Klassischen Makroökonomik.

8. Neuinterpretation und Weiterentwicklung der keynesianischen Theorie

8.1 Die „Neue" Makroökonomik

Die in ihren Grundzügen dargestellte keynesianische Theorie hat eine Vielzahl von Neuinterpretationen und Weiterentwicklungen erfahren. Verstand Keynes seine Theorie so, wie sie formal in der dargestellten Weise aufgezeigt wird? Darüber gab es in der Literatur insbesondere ab den frühen 1950er Jahren wissenschaftliche Kontroversen. Die vor allem Mitte der 1960er Jahre entstandene Neuinterpretation der keynesianischen Theorie führte zu einer Reihe von neuen Attributen, unter die der keynesianische Ansatz subsumiert wurde: Neue Makroökonomik, Neokeynesianische Theorie, Ungleichgewichtstheorie, Theorie des temporären Gleichgewichts mit Mengenrationierung sind einige dieser Termini. Die Grundidee hinter dieser Neuinterpretation keynesianischen Gedankenguts ist, daß Unterbeschäftigung die primäre Folge von Lohn- und Preisstarrheiten ist, die Marktungleichgewichte nicht genügend schnell abbauen. Wenn aber Löhne und Güterpreise zu träge auf Ungleichgewichte reagieren, dann müssen die Mengen auf den Arbeits- und Gütermärkten um so flexibler sein. Es kommt zu Mengenkontraktionsprozessen, die man wie folgt beschreiben kann: Führt z.B. ein Nachfragerückgang auf dem Gütermarkt zu einer entsprechenden Reduzierung der Arbeitsnachfrage der Unternehmungen, dann wird das Einkommen der Arbeitnehmer unfreiwillig eingeschränkt. Dies führt wiederum zu einem Nachfragerückgang auf dem Gütermarkt, der abermals die Arbeitsnachfrage einschränkt usw. Diese gegenseitigen Übertragungen von Nachfrage- und Einkommensbeschränkungen (Spill-over-Effekte) bei starren Preisen und Löhnen führen also zu kumulativen Mengenkontraktionen, die im keynesianischen Unterbeschäftigungsgleichgewicht enden.

Dieses Unterbeschäftigungsgleichgewicht wird deshalb auch als „Mengengleichgewicht" bezeichnet, mit einem Gleichgewichtsbegriff also, der von der üblichen Gleichgewichtsdefinition des „Preisgleichgewichts" abweicht, wie er aus der Tradition der walrasianischen Theorie (vgl. Kap. III.3.2.) herrührt und flexible Preise unter-

stellt. Während ein Preisgleichgewicht aus einem Marktungleichgewicht durch Preisrationierung zustandekommt, realisiert sich ein
Mengengleichgewicht durch Mengenrationierung. Insofern ist die
Bezeichnung dieses Analyserahmens als „Ungleichgewichtstheorie"
etwas irreführend und allenfalls im walrasianischen Sinne vertretbar.

Man hat dieser Theorie unterstellt, sie interpretiere die keynesianische Analyse als eine - gegenüber der Klassifikation von Alfred
Marshall - Umkehrung der Anpassungsgeschwindigkeiten von Mengen und Preisen: Die Mengen reagieren schneller als die Preise
(während Marshall es umgekehrt gesehen hat). Diese Einschätzung
als grundlegende Neuinterpretation der keynesianischen Theorie zu
bezeichnen, wie das in den 1970er bis in die 1980er Jahre hinein ge-
schah, ist aber inzwischen nicht mehr aktuell. Gleichwohl bleibt die
Mengenrationierungstheorie als Instrument zu theoretischer Erfor-
schung von Marktinterdependenzen bei walrasianischen Marktun-
gleichgewichten von allgemein hohem analytischen Wert.

Dies wird deutlich, wenn man davon ausgeht, daß Gleichgewichte
gegenüber Ungleichgewichten auf vielen Märkten, insbesondere auf
den realen Strommärkten (Arbeits- und Gütermärkten) in der Realität
wohl eher die Ausnahme dann die Regel bilden. Dies deshalb, weil
es - außerhalb von Börsen - keinen walrasianischen Auktionator gibt,
der den Marktteilnehmern Gleichgewichtspreise errechnet und mit-
teilt, zu denen sie dann ihre Transaktionen durchführen. Vielmehr
ist es ein Tastprozeß („tâtonnement") der Marktteilnehmer, der die
Preise mehr oder weniger an ein Gleichgewicht heranbringt, der es
aber vielleicht nie oder nur zufällig erreicht. So können dann, wenn
man z.B. nur zwei Märkte - Arbeits- und Gütermarkt - betrachtet,

Tabelle 3 - Alternative Marktkonstellationen

Arbeitsmarkt Gütermarkt	Überschuß- nachfrage	Gleich- gewicht	Überschuß- angebot
Überschußnachfrage			U_C
Gleichgewicht		W	U_{KG}
Überschußangebot			U_K

neun Kombinationen von Marktkonstellationen auftreten (vgl. Tabelle 3).

Die für unsere Überlegungen besonders bedeutsamen Konstellationen lassen sich beschreiben.

W: Hier sind beide Märkte im Gleichgewicht. Das ist die Situation, wie sie im walrasianischen bzw. klassisch-neoklassischen System zugrundegelegt wird.

U_C: Bei dieser Konstellation liegt ein Überschußangebot auf dem Arbeitsmarkt bei gleichzeitiger Überschußnachfrage auf dem Gütermarkt vor. Es herrscht also Arbeitslosigkeit, obwohl auf den Gütermärkten die Nachfrage das Angebot übersteigt - eine Situation, die man als „klassische" Arbeitslosigkeit bezeichnet. Der Grund liegt in einem zu hohen - nach unten starren - Reallohn.

U_K: Arbeitslosigkeit bei Gütermarktüberschußangebot ist die für die keynesianische Theorie relevante Konstellation, die den oben beschriebenen Mengenkontraktionsprozeß (Multiplikatorprozeß) auslöst und der schließlich beendet ist bei U_{KG}.

U_{KG}: Hier herrscht Gleichgewicht auf dem Gütermarkt und trotzdem Arbeitslosigkeit. Es liegt das keynesianische Unterbeschäftigungsgleichgewicht vor.

Die anderen Konstellationen sind entsprechend zu interpretieren, sie sind mehr oder weniger realistisch. Diese theoretischen Überlegungen verlangen nach der Beantwortung der Frage, wie man realiter z.B. klassische von keynesianischer Arbeitslosigkeit unterscheiden kann. Das dahinter stehende Diagnoseproblem stellt sich für die Wirtschaftspolitik, wenn sie Arbeitslosigkeit beseitigen will. Und es wird um so komplexer, je mehr Märkte in Betracht gezogen werden. Die Gefahr der Fehldiagnose öffnet das Risiko, daß falsche wirtschaftspolitische Maßnahmen getroffen werden, die die Ungleichgewichte nicht beseitigen, sondern eher vergrößern. Nicht zuletzt aufgrund dieser Überlegungen hat der aus der keynesianischen Theorie entstandene Mengenrationierungsansatz vom Glanz der 1970er und 1980er Jahre eingebüßt, steht aber als theoretisch herausfordernder Ansatz weiterhin in der makroökonomischen Diskussion.

8.2 Postkeynesianismus

Die als Postkeynesianismus bezeichnete Theorierichtung unterscheidet sich von allen herkömmlichen Interpretationen des keynesianischen Ansatzes als einer langfristig prinzipiell gleichgewichtsorientierten Theorie in fundamentaler Weise dadurch, daß die Postkeynesianer von permanenten Ungleichgewichtstendenzen des Marktsystems ausgehen. Sie stehen diesbezüglich in Fundamentalopposition zur Klassik-Neoklassik und lehnen die Interpretation von Keynes im Sinne der „Neoklassischen Synthese" ab.

Eines der zentralen Axiome der Postkeynesianer ist die Unsicherheit, mit der die Zukunftsergebnisse ökonomischer Entscheidungen belegt sind. Dies ist vor allem für Investitionsentscheidungen von Bedeutung und hier insbesondere für Investitionen in Neues: Produkt-, Prozeß- und Standortinnovationen. Da die Gleichgewichtsidee impliziere, daß die Wirtschaftseinheiten ihre optimalen Entscheidungen in ihren Ergebnissen prinzipiell voraussagen könnten, seien Gleichgewichte bzw. gleichgewichtsnahe Marktkonstellationen in einer Welt der prinzipiellen Unsicherheit, der permanenten Veränderung der Umweltbedingungen, der Erwartungsirrtümer und Planrevisionen als unrealistische Konstellationen zu betrachten. Vielmehr seien andauernde Marktungleichgewichte der relevante Analyserahmen. Hinzu kommen Störungen aus dem monetären Sektor (vom Geld- und Portfoliomarkt), die sich aus der unsicherheitsbestimmten Rolle des Geldes ergeben und auf die realen Märkte - Güter- und Arbeitsmarkt - zurückwirken.

Es ist nicht zu erkennen, daß es eine geschlossene und konsistente postkeynesianische Theorie gibt, die über einen relativ kleinen Zirkel von wirtschaftswissenschaftlichen Theoretikern hinaus verbreitet ist.

9. Die Theorie der Real Business Cycles

Ausgehend von der Neuen Klassischen Makroökonomik (NKM) hat seit Beginn der 1980er Jahre eine Theorie Beachtung gefunden, die unter dem Namen „Real Business Cycles" (RBC) bekannt geworden ist. Im Gegensatz zur eher kurzfristig orientierten NKM ist die RBC-Theorie langfristig ausgerichtet. Ihr Ziel ist es, langfristige Trendentwicklungen des Wachstums mit kurzfristigen Produktionsschwankungen aus einem einheitlichen Modellrahmen heraus zu erklären. Dabei wird auf das klassisch-neoklassische Wachstumsmodell vom Solow-Typ (vgl. Kap. IV.12.2.) rekurriert.

Wie in der NKM wird von permanenter Markträumung ausgegangen. Im Zentrum der Erklärung stehen technologische Schocks, die die Produktivität einer Volkswirtschaft positiv oder negativ beeinflussen. So haben z.B. die beiden Ölpreisschocks (OPEC I und II) die Produktivitätsfortschritte verringert, allerdings auch neue energiesparende Produktionsverfahren bewirkt, die die Produktivität stimulierten. Aber es gelten in der RBC-Theorie nicht nur Technologieschocks, sondern auch Präferenzänderungen z.B. der Arbeitsanbieter hinsichtlich der Nutzeneinschätzung von Arbeit und Freizeit, unvorhergesehene Änderungen von ökonomischen Rahmenbedingungen oder auch Änderungen in der Fiskalpolitik als Ursache von Produktivitäts- und Beschäftigungsschwankungen.

Am Beispiel eines negativen Produktivitätsschocks läßt sich das RBC-Denken demonstrieren: Er verschiebt die Arbeitsnachfragekurve nach unten, was zu einem vorübergehenden (transitorischen) Sinken des Reallohns führt. Die Haushalte reduzieren daraufhin ihr Arbeitsangebot und genießen mehr Freizeit. Beschäftigung und Produktion sinken, es kommt zu einer Rezession. Steigt der Reallohn wieder, z.B. aufgrund eines positiven Produktivitätsschocks, dann substituieren die Haushalte wieder Freizeit durch Arbeitszeit. Beschäftigung und Produktion steigen an, es kommt zum Aufschwung.

Für den Fall, daß eine einmalige Erhöhung der Staatsausgaben stattfindet, steigt der Zinssatz transitorisch an, was im RBC-Modell ebenfalls eine intertemporale Neuaufteilung zwischen Arbeits- und

Freizeit durch die Haushalte zur Folge hat. Denn die Zinserhöhung läßt es lohnend erscheinen, heute mehr zu arbeiten (weniger Freizeit zu haben) und mehr zu verdienen, um später bei gesunkenem Zins und geringerer Arbeitszeit (mehr Freizeit) einen höheren Konsum zu realisieren. Es wird also neben dem reallohninduzierten auch ein zinsinduzierter Substitutionsmechanismus unterstellt.

Arbeitslosigkeit wird in der RBC-Theorie mithin stets als Resultat intertemporaler Optimierungskalküle der Wirtschaftseinheiten in bezug auf Arbeits- und Freizeit erklärt. Schwankungen von Produktion und Beschäftigung stellen Reaktionen rational handelnder Wirtschaftseinheiten dar und sind Ausdruck gleichgewichtiger Entwicklungspfade. Es bedarf deshalb keiner stabilitätspolitischen Eingriffe des Staates.

10. Der Monetarismus

Bereits in den 1950er Jahren, als der Keynesianismus in hoher Blüte stand, entwickelte sich eine Art „Gegenrevolution" ökonomischen Denkens, dessen bekanntester Hauptvertreter der US-amerikanische Ökonom und Nobelpreisträger Milton Friedman geworden ist: der Monetarismus.

Mit dem Monetarismus verlagerte sich das Zentrum theoretischer Analyse von der Arbeitslosigkeit zur Inflation, von der Theorie der Fiskalpolitik zur Theorie und Politik des Geldes.

Der Monetarismus teilt grundsätzlich die der Klassik-Neoklassik inhärente Auffassung von der Stabilität der Märkte des privaten Sektors. Allenfalls kurzfristig und quantitativ unbedeutend weichen wegen der Flexibilität von Preisen und Löhnen die Güter- und Arbeitsmärkte vom Gleichgewicht ab. Stabilisierungspolitischen Handlungsbedarf von seiten des Staates gibt es deshalb nicht, im Gegenteil: Staatseingriffe können den sich selbst regelnden Prozeß der Markträumung nur stören, so daß Marktinstabilitäten, Arbeitslosigkeit und Inflation nicht die Ursache für, sondern eher die Folgen von Staatseingriffen sind.

Die theoretische Konzeption des Monetarismus führt zur langfristigen Periodenanalyse, denn es wird angenommen, daß die Wirtschaftseinheiten langfristig - d.h. letztlich über ihre gesamte Lebenszeit hinweg - eine Nutzenmaximierung durch ihre Aktivitäten, die einer Vermögensrestriktion unterliegen, anstreben. So nimmt z.B. Friedman an, daß der Konsum nicht vom laufenden, sondern vom langfristigen - permanenten - Einkommen systematisch abhängt. Dies deshalb, weil die Wirtschaftssubjekte ihre Konsumentscheidungen an ihren langfristigen Einkommenserwartungen ausrichten, die ziemlich stabil sind und durch transitorische Einkommensänderungen nur unwesentlich und unsystematisch beeinflußt werden.

Was ist das permanente Einkommen? Seine Herleitung basiert auf Friedmans Definition von Vermögen als dem Gegenwartswert sämtlicher zukünftiger Erträge, die aus den Einkommensquellen fließen, über die eine Wirtschaftseinheit verfügt. Bei den Einkommensquellen handelt es sich um Realkapital (Maschinen, Gebäude, Grundstücke usw.), Finanzkapital (Wertpapiere, Geld, Forderungen usw.) und Humankapital (Qualifikation, Wissen, Erfahrung der Menschen). Der Gegenwartswert - das Vermögen - ist der auf heute abgezinste Wert aller aus den obigen Kapitalgütern fließenden zukünftigen Nettoerträge. So besteht zwischen Vermögen (W) und Einkommen (Y) offenbar folgende Beziehung:

$$(103) \quad W = \frac{Y}{i} \qquad \text{bzw.}$$

$$(104) \quad Y = i \cdot W$$

Daher ist i ein langfristiger Zins, über den Vermögen und Einkommen verknüpft sind: Aus der Verzinsung des Vermögens fließt ein Einkommen bzw. das Vermögen berechnet sich durch das Abzinsen von zukünftigen Einkommensströmen. Für Friedman ist das aus dem Vermögen resultierende langfristige durchschnittliche Lebenseinkommen das permanente Einkommen:

$$(105) \quad Y^P = i \cdot W.$$

Vom permanenten Einkommen hängt der langfristige permanente Konsum ab:

$$(106) \quad C^P = C^P(Y^P)$$
$$+$$

bzw. in der speziellen Form einer linearen Abhängigkeit

$$(107) \quad C^P = \beta Y^P$$

mit β als marginaler (und durchschnittlicher) permanenter Konsumquote.

Das ist die permanente Einkommenshypothese. Verändert sich das kurzfristige Einkommen, z.B. durch eine Investitionsabschwächung, so hat das, wenn die langfristigen Einkommenserwartungen unberührt bleiben, auf den permanenten Konsum keinen Einfluß. Deshalb wird auch kein destabilisierender Multiplikatorprozeß à la Keynes auf Basis absoluter Einkommenshypothese ausgelöst. Es gibt deshalb keinen Bedarf für eine antizyklische Interventionspolitik des Staates, sie würde im Gegenteil die Schockabsorptionsfähigkeit des privaten Sektors nur konterkarieren.

Das zweite Bein und ohne Zweifel der zentrale Kern des Monetarismus ist die Hypothese, daß Änderungen der Geldmenge der dominierende Bestimmungsfaktor für das nominale Volkseinkommen darstellen. Dahinter steht die Neuformulierung einer auf der klassischen Quantitätstheorie basierenden Geldnachfragetheorie (Neoquantitätstheorie). Vereinfacht gehandhabt besagt sie, daß die reale Geldnachfrage in proportionaler Beziehung zum permanenten (Real-) Einkommen steht:

$$(108) \quad \frac{M^n}{p} = k \cdot Y^P \quad \text{bzw.}$$

$$(109) \quad M^n = k \cdot p \cdot Y^P,$$

wo k der uns bereits bekannte Kassenhaltungskoeffizient ist. Im Gegensatz zur keynesianischen Variante spielt in der Friedmanschen Geldtheorie die Zinsabhängigkeit der Geldnachfrage also keine Rolle.

Hinter dieser Geldnachfragefunktion steht eine ziemlich komplexe Geldnachfragetheorie, die davon ausgeht, daß Wirtschaftseinheiten ihr gesamtes Vermögen (Real-, Finanz-, Humanvermögen) in einer optimalen Struktur halten wollen, um daraus den höchsten Nutzen zu ziehen. Die Nachfrage nach Geld ist dann prinzipiell wie die Nachfrage nach jedem anderen Gut zu behandeln, d.h. es werden Kosten und Nutzen der Geldhaltung abgewogen. Die Kosten liegen z.B. in entgangenen Zinserträgen, der Nutzen liegt in der jederzeitigen Zahlungsfähigkeit des Geldhalters.

Wenn alle Wirtschaftseinheiten ihr Vermögen optimal strukturiert haben (optimales Portfolio), dann läßt sich auch erklären, in welcher Weise Änderungen der Geldmenge das nominale Volkseinkommen beeinflussen. Dies geschieht durch den sog. Transmissionsmechanismus der relativen Preise, der beispielhaft anhand einer expansiven Offenmarktpolitik aufgezeigt werden kann. Offenmarktpolitik besteht aus dem An- und Verkauf von Aktiva (i.d.R. Wertpapieren) durch die Zentralbank mit dem Ziel, die monetäre Basis zu beeinflussen. Kauft die Zentralbank z.B. Staatsanleihen (gegen Abgabe von Zentralbankgeld) von Geschäftsbanken oder Nichtbanken, dann werden die Anleihen im Verhältnis zu den anderen Aktiva im Portfolio teurer, das Portfoliogleichgewicht wird mithin gestört. Die Wirtschaftseinheiten strukturieren deshalb die optimale Portfoliozusammensetzung neu, indem sie mit ihrer zusätzlichen Kasse statt der relativ teuren Anleihen verstärkt andere Wertpapiere (z.B. Aktien) und Kapitalgüter (z.B. Maschinen) kaufen. Daraufhin steigen auch deren Preise, so daß schließlich alle neu produzierten Güter gegenüber den vorhandenen Portfolio-Aktiva relativ billiger werden. Deshalb steigt auch die Nachfrage nach neu produzierten Gütern, was zu Preiserhöhungen und Produktionsausweitungen führt, die die Beschäftigung stimulieren. Letzteres geschieht jedoch nur, wenn die Arbeitsanbieter höhere Löhne bekommen. Stellt sich letztlich ein neues Gleichgewicht ein, in dem die Arbeitnehmer ihre Preiserwartungen und Löhne an das tatsächlich höhere Preisniveau angepaßt haben, dann sinken Beschäftigung und Produktion wieder auf das alte Niveau herab.[1] Fazit: Die Geldpolitik kann nur vorübergehend produktions- und beschäftigungsstimulierend wirken, also reale Effekte erzielen, auf lange Sicht beeinflußt sie jedoch keine reale Grö-

---

[1] Vgl. die Ausführungen zur Phillips-Kurve in Kap. IV.7.3.

ßen (Neutralität der Geldpolitik), sondern erhöht nur die Preise und Löhne annähernd proportional zur Geldmengenexpansion.

Die monetaristische Gegenposition zum Keynesianismus, die sich in einer Vielzahl von Variationen des hier dargestellten Grundmusters ausnimmt, hat dazu geführt, daß bereits in den 1970er Jahren der Keynesianismus an Attraktivität verlor, und dies vor allem deshalb, weil er das Inflationsproblem vernachlässigte, das immer stärker an Relevanz gewann. Zudem vertrauen die Keynesianer zu sehr auf die praktische Machbarkeit antizyklisch ausgerichteter Steuerung der gesamtwirtschaftlichen Nachfrage. Sie erkennen nicht das Problem des Entstehens von Inflationserwartungen und sich daraus entwik-kelnden Anpassungsverhaltens der Wirtschaftssubjekte, was dazu führt, daß fiskal- und geldpolitische Maßnahmen höchstens vorüber-gehende Wirkungen haben.

Aus diesem Grunde lehnen die Monetaristen eine aktive Stabilisie-rungspolitik des Staates ab. Die Aufgabe der Geldpolitik ist es, lang-fristig Preisstabilität zu sichern. Um dies zu gewährleisten, soll die Geldmenge - unter Berücksichtigung der Geldumlaufsgeschwindig-keit - grundsätzlich der Entwicklung des gesamtwirtschaftlichen Produktionspotentials angepaßt werden, wie dies auf Basis der Quantitätsgleichung (vgl. Gleichung (78), S. 85) ableitbar ist. Die Idee ist, die Geldmenge so zu steuern, daß inflationsfreies Wachstum der Wirtschaft ermöglicht wird.

11. Angebotsorientierte Theorie

Die Neuklassische Theorie bildet die Grundlage für die Fragestel-lung, welches die Gründe dafür sind, daß trotz angenommener fle-xibler Preise und Löhne und rationaler Erwartungsbildung die Ar-beitslosenquoten seit Mitte der 1970er Jahre in fast allen Industrie-ländern trendmäßig gestiegen sind, d.h. das Arbeitsplatzpotential wesentlich weniger gestiegen ist als das Erwerbspersonenpotential. Die Ursache wird von den sog. Angebotstheoretikern seit Beginn der 1980er Jahre nicht in Störungen auf der Nachfrageseite à la Keynes gesehen, sondern in Verwerfungen auf der Angebotsseite (Angebotsschocks). Sie können in verschiedenartiger Weise auftreten, z.B. als Ölpreisschocks, Lohnerhöhungsschocks, technische oder demographische Schocks. Bedeutsam sind insbesondere auch qualitative Veränderungen im ordnungspolitischen Bereich, wie z.B. Abnahme der Leistungs- und Risikobereitschaft, Zunahme staatlicher Interventionen, Reglementierungen und bürokratischer Hemmnisse, leistungsfeindliche Besteuerung, expandierende Sozialpolitik, zunehmende Einschränkungen der Vertragsfreiheit, Expansion korporativistischer Aktivitäten usw. Wenn hierin die Hauptursachen für anhaltende Arbeitslosigkeit liegen, wie es die Angebotstheoretiker sehen, dann impliziert deren Beseitigung die wirtschaftspolitische Hinwendung zu den grundlegenden Funktionsmechanismen einer Marktwirtschaft. Im Kern heißt dies, daß Leistungs- und Risikobereitschaft und Wettbewerb durch Deregulierung und Rückbesinnung auf die genuinen Aufgaben des Staates gestärkt werden müssen: verläßliche Rahmenbedingungen für ein stabilitätsorientiertes Funktionieren der Marktwirtschaft zu gewährleisten, so daß die Gleichgewichtsorientierung der Märkte gestärkt wird. Dies ist der Grundgedanke der angebotsorientierten Theorie.

12. Theorie wirtschaftlichen Wachstums

In dem bisher vorgestellten Rahmen verschiedener Theorieansätze wurde vom Wachstum der Wirtschaft abstrahiert. Empirisch kann jedoch gezeigt werden, daß Volkswirtschaften über Jahrzehnte und Jahrhunderte hinweg wachsen, was allgemein mit einer Erhöhung des Pro-Kopf-Einkommens verbunden ist. Diesen Tatbestand analysiert die Theorie des wirtschaftlichen Wachstums, die sich mit den Bestimmungsgründen für die langfristige Wirtschaftsentwicklung von Volkswirtschaften beschäftigt.

Auch in der Wachstumstheorie unterscheiden sich die Ansätze hinsichtlich ihrer axiomatischen Grundannahmen, und man kennt auch hier eine klassisch-neoklassische und eine keynesianische Variante. Bevor wir beide Ansätze in ihren Grundzügen skizzieren, müssen einige Vorbemerkungen gemacht werden, die für das Verständnis wichtig sind. Zunächst ist zu fragen, was unter wirtschaftlichem Wachstum zu verstehen ist. Dazu benötigen wir den Begriff des gesamtwirtschaftlichen Produktionspotentials einer Volkswirtschaft (PP). Das PP bezeichnet diejenige Produktion, die bei Einsatz aller vorhandenen Produktionsanlagen unter normalen Arbeitsbedingungen erreicht werden kann. Aus dieser Definition folgt, daß die tatsächliche Produktion durchaus vom PP abweichen kann, und zwar nach unten und oben. Es kann also eine Unter- und auch Überauslastung des PP geben. Dies wird durch folgende Überlegungen deutlich.

Gehen wir von der gesamtwirtschaftlichen Angebots- bzw. Produktionsfunktion

$$(110) \quad Y^a = Y^a(K,N)$$
$$+ \quad +$$

aus (vgl. Gleichung (62)), dann bestimmen der vorhandene Kapitalstock sowie das Arbeitsvolumen (gemessen in Arbeitsstunden) die Höhe der Produktion in einer Volkswirtschaft, die mit der gesamtwirtschaftlichen Nachfrage nicht übereinstimmen muß:

$$(111) \quad Y^n \gtrless Y^a(K,N)$$

Es dürfte in der Regel nur zufällig so sein, daß die gesamtwirtschaftliche Produktion ein Niveau hat, bei dem sowohl der Kapitalstock als auch die Erwerbsbevölkerung vollständig ausgelastet sind und zudem noch die Nachfrage genau dem Angebot entspricht. Im Regelfall werden diese Größen nicht übereinstimmen:

Wie aus Abb. 61 ersichtlich ist, können also das PP auf Basis des Kapitalstocks (PPK) und der Erwerbsbevölkerung (PPN) auseinanderfallen, d.h. die realisierbare Produktion wird jeweils durch den kleineren Wert von PPK und PPN bestimmt. Die tatsächlich realisierte Produktion kann darunter liegen, wenn die gesamtwirtschaftliche Nachfrage diesen Wert unterschreitet. In diesem Fall liegt der Auslastungsgrad des PP unter 100 %.

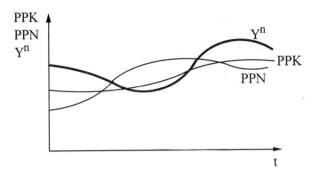

Abb. 61 - Produktionspotential und Nachfrage im Zeitverlauf

Als Wachstum wollen wir nun einen anhaltenden Anstieg des gesamtwirtschaftlichen realisierbaren PP verstehen. Nachfrage- bzw. Konjunkturschwankungen schlagen sich als Schwankungen im Auslastungsgrad des gesamtwirtschaftlichen PP nieder.

12.1 Keynesianische Wachstumsanalyse

Die auf keynesianischen Denkmustern basierenden Analysen von Roy Harrod (1939) und Evsey Domar (1946) stellten die Frage, unter welchen Bedingungen ein Wachstumsgleichgewicht in einer Volkswirtschaft existiert. Dabei bedeutet Wachstumsgleichgewicht, daß die Nachfrage genau in dem Umfang wächst wie das PP und daß gleichzeitig Vollauslastung sowohl des Kapitalstocks als auch des Erwerbspersonenpotentials vorliegt (PPK und PPN wachsen mit derselben Rate). Man spricht auch vom „steady state" (stetiger Zustand). Als keynesianisch kann man den Harrod-Domar-Ansatz vor allem deshalb bezeichnen, weil Preise und Löhne konstant sind, also nur Mengenbewegungen vorkommen.

Im Zentrum der Analyse stehen die Investitionen, denn sie haben sowohl einen Nachfrage- als auch einen Kapazitätseffekt, d.h. sie erhöhen kurzfristig die Güternachfrage und erweitern langfristig das PP. Das Wachstumsgleichgewicht ist nur dann realisierbar, wenn die Investitionen sich auf einem Pfad entwickeln, der gewährleistet, daß Nachfrage- und Kapazitätseffekt gerade gleich groß sind:

$$(112) \quad \frac{d\,PPK(t)}{dt} = \frac{dY^n(t)}{dt}$$

Definiert man das Produktionspotential PPK als

$$(113) \quad PPK(t) = \pi\, K(t),$$

dann ergibt sich daraus:

$$(114) \quad \frac{d\,PPK(t)}{dt} = \pi \frac{dK(t)}{dt} = \pi I(t),$$

wo π die durchschnittliche Kapitalproduktivität ist. Erinnern wir uns aus der kurzfristigen Multiplikatoranalyse (vgl. Kap. IV.4.2., S. 96f.), daß gilt

$$(115) \quad \frac{dY^n}{dI} = \frac{1}{1-b} = \frac{1}{s} \quad \text{bzw.}$$

$$(116) \quad \frac{dY^n(t)}{dt} = \frac{1}{s}\frac{dI(t)}{dt},$$

dann können wir für (112) auch schreiben:

$$(117) \quad \pi\, I(t) = \frac{1}{s}\frac{dI(t)}{dt} \quad \text{bzw.}$$

$$(118) \quad \frac{dI(t)}{dt} \cdot \frac{1}{I(t)} = \pi \cdot s$$

Im Wachstumsgleichgewicht müssen die Investitionen also mit einer Rate wachsen, die dem Produkt aus Kapitalproduktivität und Sparquote entspricht.[1] Nur dann wachsen Nachfrage und Produktion genau im Umfang des Potentialwachstums, d.h. es gibt weder eine Über- noch eine Unterauslastung des PPK.[2] Deshalb nennt Harrod dies die „befriedigende" („warranted") Wachstumsrate. Wenn gleichzeitig nun auch die Erwerbspersonen (A) vollbeschäftigt sein

---

[1] Der Einfachheit halber soll hier angenommen werden, daß marginale und durchschnittliche Kapitalproduktivität bzw. Sparquote jeweils übereinstimmen.
[2] Im selben Ausmaß wachsen auch, wie man leicht ableiten kann, Kapitalstock und Konsum, weil sie proportional zur Produktion ansteigen.

sollen, dann müssen zusätzlich folgende Zusammenhänge berücksichtigt werden:

$$(119) \quad N(t) = A(t) = \frac{h(t)}{H(t)} K(t)$$

Dabei bezeichnet N das vollbeschäftigte Erwerbspersonenpotential, H die normale Arbeitszeit eines Beschäftigten pro Periode (Jahr) und h die Arbeitsintensität des Kapitalstocks, d.h. die Anzahl der Arbeitsstunden, die an einer Kapitalgütereinheit unter normalen Bedingungen pro Periode (Jahr) erbracht wird.

Diese Gleichgewichtsbedingung (119) können wir auch mit Hilfe von Wachstumsraten ausdrücken:

$$(120) \quad \underbrace{\frac{dN(t)}{dt} \frac{1}{N(t)}}_{\ell} = \underbrace{\frac{dh(t)}{dt} \frac{1}{h(t)}}_{-u} - \underbrace{\frac{dH(t)}{dt} \frac{1}{H(t)}}_{v} + \underbrace{\frac{dK(t)}{dt} \frac{1}{K(t)}}_{\pi s}$$

Der erste Term (-u) auf der rechten Seite von (120) bezeichnet die (exogene) Rate, mit der die Arbeitsintensität aufgrund des technischen Fortschritts abnimmt, d.h. mit der die Arbeitsproduktivität steigt (arbeitsparender technischer Fortschritt). Der zweite Term (v) zeigt die Veränderungsrate der Jahresarbeitszeit, und die Wachstumsrate des Kapitalstocks (πs) ergibt sich in Verbindung mit (118), weil im Wachstumsgleichgewicht Kapitalstock und Investition mit derselben Rate wachsen. Mithin können wir schreiben:

$$(121) \quad \pi s = \ell + u + v$$

Harrod bezeichnete die rechte Seite (Summe aus Wachstumsrate des Erwerbspersonenpotentials, der Arbeitsproduktivität und der Jahresarbeitszeit pro Beschäftigten) als „natürliche" Wachstumsrate. Im Wachstumsgleichgewicht müssen also befriedigende und natürliche Rate übereinstimmen.

Diese Übereinstimmung ist nun keineswegs selbstverständlich, sie dürfte vielmehr eher zufällig sein. Fallen aber beide Raten auseinander, so liegt das Problem darin, daß es in diesem Modell keinen Mechanismus gibt, der das Gleichgewicht wieder herstellt. Deshalb steigt für den Fall, daß die befriedigende Wachstumsrate kleiner ist als die natürliche, die Arbeitslosigkeit fortwährend, weil es zu einem kumulativen Mengenkontraktionsprozeß kommt, während im umgekehrten Fall ein stetig ansteigender Arbeitskräftemangel zu verzeichnen wäre. Das System ist also instabil, sobald der gleichgewichtige Wachstumspfad verlassen wird. Man sagt auch, das Wachstumsgleichgewicht steht „auf des Messers Schneide".

Dieses Ergebnis zeigt, daß das Harrod-Domar-Modell nur den Anspruch erheben kann, die Bedingungen eines Wachstumsgleichgewichts aufzuzeigen. Es beschreibt nicht, welche Anpassungsvorgänge ausgelöst werden könnten (z.b. in bezug auf ℓ, u, v, π und s), wenn das Gleichgewicht gestört wird. Zudem muß davon ausgegangen werden, daß es im Ungleichgewicht zu Änderungen der relativen Faktorpreise von Arbeit und Kapital kommen wird, was im Harrod-Domar-Modell ausgeschlossen ist.

12.2 Neoklassische Wachstumstheorie

Die Starrheit der Faktorpreise und der damit verbundenen fixen Faktorproportionen im keynesianischen Ansatz ist dem klassisch-neoklassischen Denken fremd, vielmehr werden die Substitutionsprozesse aufgrund von Faktorpreisänderungen explizit in den Mittelpunkt des Wachstumsprozesses gestellt. Diskrepanzen zwischen befriedigender und natürlicher Wachstumsrate entstehen nicht, und Produktionspotential und Güternachfrage stimmen überein, weil sich die Nachfrage stets an das Potential angleicht. Vollständige Flexibilität der Faktorpreise und vollständige Substituierbarkeit der Produktionsfaktoren sind die hervorstechenden Merkmale des Wachstumsmodells von Robert Solow (1956), den man als Begründer der neoklassischen Wachstumstheorie bezeichnen kann.

Im Zentrum steht eine gesamtwirtschaftliche Produktionsfunktion mit den Eigenschaften vollständig substituierbarer Produktionsfaktoren und der Entlohnung der Faktoren nach ihrem jeweiligen Grenzprodukt (vgl. Kap. III.2.6., S. 53), so daß diese stets vollbeschäftigt sind. Neben Kapital und Arbeit wirkt als dritter Produktionsfaktor der technische Fortschritt (T) auf das Produktionsergebnis. Es gilt damit:

(122) $PPK = PPN = Y = Y^n = Y^a(K(t), N(t), T(t))$

Der technische Fortschritt wird in der Weise modelliert, daß er wie eine Erhöhung des Mengeneinsatzes bzw. der Produktivität des Faktors Arbeit wirkt (arbeitsvermehrender technischer Fortschritt), der also die Effizienz des Arbeitseinsatzes erhöht. Bezeichnet man die Rate des technischen Fortschritts mit γ, so wird Gleichung (122) zu

(123) $Y = Y(K(t), e^{\gamma t} N(t))$,[1]

und für den Fall einer Cobb-Douglas-Produktionsfunktion erhält man:

(124) $Y = aK^\alpha (e^{\gamma t} N(t))^{1-\alpha}$

Der Kapitalstock erhöht sich durch Investitionen, das Arbeitsvolumen wächst durch exogen bestimmte Faktoren, nämlich durch das Wachstum des Erwerbspersonenpotentials und der durchschnittlichen Arbeitszeit pro Jahr:

(125) $N(t) = A(t)H(t) = A(0)e^{\ell t}H(0)e^{vt} = N(0)e^{(\ell+v)t}$

Die Wachstumsrate der Produktion $(\hat{Y})$ ergibt sich damit aus (124) und (125) als

(126) $\hat{Y} = \alpha\hat{K} + (\ell - \alpha)(\gamma + \ell + v)$.

Im Wachstumsgleichgewicht gilt nun, daß Produktion und Kapitalstock mit derselben Rate wachsen $(\hat{Y} = \hat{K})$, so daß auf Basis von (126) auch geschrieben werden kann:

(127) $\hat{Y} = \hat{K} = \gamma + \ell + v$

Dies ist wieder die natürliche Wachstumsrate, die hier bestimmt wird durch die Rate des arbeitsvermehrenden technischen Fortschritts, die

---

[1] e ist die Basis des natürlichen Logarithmus.

Veränderungsrate des Erwerbspersonenpotentials und der Jahresarbeitszeit.

Berücksichtigt man, daß gilt: $\hat{K} = I / K = sY / K$ und $Y / K = \pi$ (vgl. Gleichungen (113)ff.), dann wird aus (127)

(128) $\pi s = \gamma + \ell + v$,

und wir erhalten wieder - in Analogie zum Harrod-Domar-Modell - für das Wachstumsgleichgewicht die Übereinstimmung von befriedigender und natürlicher Wachstumsrate. Allerdings sind die Mechanismen, die zur Übereinstimmung führen, in diesem neoklassischen Wachstumsmodell andere als bei Harrod-Domar. Dies läßt sich wie folgt skizzieren: Übersteigt z.b. das (befriedigende) Wachstum des Kapitalstocks die natürliche Rate des Arbeitsvolumens, dann steigt der Preis für den Faktor Arbeit relativ zu dem für Kapital, d.h. der Reallohn steigt im Verhältnis zum Realzins. Aufgrund der Flexibilität der Technik führt eine derartige Veränderung der Faktorpreisrelationen zu einer kapitalintensiveren Produktion. Da in der neoklassischen Produktionsfunktion abnehmende partielle Grenzproduktivitäten unterstellt sind, nimmt damit die Kapitalproduktivität ab, und die befriedigende Wachstumsrate sinkt bis auf das Niveau der natürlichen Rate. Dann herrscht wieder Wachstumsgleichgewicht. Die neoklassische Wachstumstheorie impliziert mithin - im Gegensatz zum keynesianisch ausgerichteten Harrod-Domar-Ansatz - die Vorstellung von der langfristigen Stabilität des Wachstumsgleichgewichts.

Darüber hinaus lassen sich folgende Schlüsse ziehen. Die Wachstumsrate eines Landes ist hoch, wenn die Grenzproduktivität des Kapitals hoch ist. Wegen der abnehmenden Grenzerträge der Faktoren ist dies in denjenigen Ländern der Fall, in denen der Kapitalstock relativ niedrig ist (und vice versa). Mithin bedeutet das, daß reiche Länder zwar einen hohen Kapitalstock und ein hohes Pro-Kopf-Einkommen haben und arme Länder entsprechende niedrige Werte, daß aber wegen der fallenden Grenzerträge die Pro-Kopf-Wachstumsraten der reichen Länder geringer sind als die der armen. Als Ergebnis würde damit eine Angleichung der Pro-Kopf-Einkommen und deren Wachstumsraten zwischen armen und reichen Ländern erfolgen.

12.3 Theorie endogenen Wachstums

Es ist umstritten, ob die aus der neoklassischen Wachstumstheorie ableitbaren Angleichungstendenzen der Wachstumsraten zwischen Arm und Reich in der Welt tatsächlich stattfinden. Seit Mitte der 1980er Jahre wird - besonders initiiert durch die Untersuchungen der amerikanischen Ökonomen Paul Romer und Robert Lucas - der Angleichungshypothese und damit den Implikationen des neoklassischen Wachstumsmodells durchaus widersprochen. Für Romer und Lucas liegt ein zentrales Problem darin, daß der technische Fortschritt in der neoklassischen Theorie exogen vorgegeben ist („wie Manna vom Himmel fällt") und damit nicht die empirisch beobachtbaren Unterschiede in der technischen Fortschrittsrate einzelner Länder modellendogen erklären kann. Deshalb müsse der technische Fortschritt endogenisiert, d.h. eine „Theorie endogenen Wachstums" entwickelt werden.

Es ist diese Idee, die eine Vielzahl „endogener" Wachstumsmodelle erzeugt hat, die versuchen aufzuzeigen, daß und in welcher Weise der technische Fortschritt u.a. vom Verhalten der privaten Wirtschaftseinheiten und der staatlichen Entscheidungsträger sowie von den institutionellen Rahmenbedingungen, die ein Land charakterisieren, abhängt. Entscheidende Rolle spielt das Humankapital der Erwerbspersonen, also deren Qualifikation, Wissen und Erfahrung („learning by doing"). Bildung, Forschung und Entwicklung haben damit eine zentrale Funktion als Wachstumsmotor: Steigt der Anteil der Menschen, die in diesen Sektoren tätig sind, so beschleunigt sich der technische Fortschritt. Dies bedeutet, daß Gesellschaften, die einen großen Teil ihrer Ressourcen in Bildung und Forschung investieren, langfristig stärker wachsen als solche mit geringeren Bildungs- und Forschungsausgaben. Damit ist ein Einstieg in neue Erklärungen für mangelnde Konvergenz in der wirtschaftlichen Entwicklung von Arm und Reich gefunden. Und wenn man davon ausgeht, daß die Ressourcenallokation in den Bildungs- und Forschungssektor wesentlich von der Wirtschaftspolitik eines Landes gesteuert wird, dann kann die zurückfallende Wirtschaftsentwicklung eines Landes auch auf mangelnde wirtschaftspolitische Kompetenz seiner Regierung zurückzuführen sein. Derartige Überlegungen mögen besondere Relevanz für die Entwicklungsländerforschung, für die Gestaltung der Transformationsprozesse der europäischen Reformstaaten sowie generell für die Initiierung von Wachstumsimpulsen in stagnierenden Volkswirtschaften haben.

13. Außenwirtschaftstheorie

13.1 „Öffnung" der makroökonomischen Modelle

Bisher haben wir die Wirtschaftstheorie anhand von Modellen skizziert, in denen Wirtschaftsbeziehungen zwischen Inländern und Ausländern vernachlässigt wurden. Es sind Modelle „geschlossener" Volkswirtschaften betrachtet worden. Das hat hohen (vor allem didaktischen) Wert, aber zur besseren Analyse der Wirklichkeit müssen die außenwirtschaftlichen Beziehungen mit einbezogen werden, d.h. wir benötigen Modelle „offener" Volkswirtschaften. So wird die „National"-Ökonomie zur „International"-Ökonomie oder gar zur „Welt"-Ökonomie. Angesichts der Tatsache, daß die internationalen Verflechtungen der Märkte zunehmen, können Modelle einen hohen empirischen Gehalt nur besitzen, wenn sie den internationalen Austausch von Gütern und Produktionsfaktoren (insbesondere Kapital) mit einbeziehen. Stellt man diesen Bereich der Wirtschaftstheorie gar in den Mittelpunkt der Betrachtung, dann beschäftigt man sich mit der Außenwirtschaftstheorie. Innerhalb der Wirtschaftstheorie hat die Außenwirtschaftstheorie wegen der zunehmenden Internationalisierung der Märkte - hervorgerufen vor allem durch sinkende Kosten der Distanzüberwindung und den Abbau ökonomischer Barrieren an den politischen Grenzen der Nationen - an Bedeutung gewonnen.

Es gilt mithin, die Modelle geschlossener Volkswirtschaften zu „öffnen", d.h. zu erweitern, so daß auch die ökonomischen Transaktionen zwischen inländischen und ausländischen Wirtschaftseinheiten abgebildet werden. Dadurch wird es möglich, die Einflüsse des Auslands auf das Inland (und vice versa) mit einzubeziehen. Für ein Land, das stark in den internationalen Handel und Kapitalverkehr integriert ist, das aber die Weltmarktpreise nicht (fühlbar) beeinflussen kann, weil es (ökonomisch) zu klein ist („kleine offene Volkswirtschaft"), sind z.b. Änderungen der internationalen Rohstoffpreise, Konjunkturverläufe in anderen Volkswirtschaften oder Auf- und Abwertungen der Währungen seiner Handelspartner von zentraler Bedeutung für die eigene Wirtschaftsentwicklung.

Traditionell wird die Außenwirtschaftstheorie in die monetäre und die reale Theorie unterteilt. Die monetäre Außenwirtschaftstheorie beschäftigt sich mit den Interdependenzen zwischen Zahlungsbilanz, Wechselkurs, Volkseinkommen und Preisen. Gegenstand der realen Theorie sind die allokativen Dimensionen des internationalen Handels. Sie fragt z.b. nach den Bestimmungsgründen der Handelsströme zwischen verschiedenen Ländern oder nach den Wirkungen von Handelshemmnissen (Zöllen, Quoten usw.) auf den internationalen Wirtschaftsverkehr. Eine in sich geschlossene Außenwirtschaftstheorie müßte beide Theorieelemente konsistent miteinander verbinden. Dies ist allerdings bisher nur unvollständig gelungen.

13.2 Monetäre Theorie

Einige Grundtatbestände

Für eine offene Volkswirtschaft gilt, daß das Inlandsprodukt[1] der Summe aus der Nachfrage nach im Inland hergestellten Konsum-, Investitions- und Exportgütern entspricht. Geht man von der Gesamtnachfrage nach Konsum- und Investitionsgütern aus, die neben den im Inland produzierten auch die im Ausland hergestellten (also importierten) Güter beinhaltet, so läßt sich mithin schreiben:

(129) $Y = C + I + X - M,$

wo X und M den Wert der Exporte bzw. Importe von Waren, Dienstleistungen und Faktorleistungen bezeichnen. Die Differenz $(X - M)$ wird Außenbeitrag, die Summe $(C + I)$ Absorption genannt.

---

[1] Es muß zwischen Inlandsprodukt und Sozialprodukt unterschieden werden. Das Inlandsprodukt entspricht der Summe aller Wertschöpfungen, die im Inland von Inländern und Ausländern in einem Jahr produziert werden. Das Sozialprodukt entspricht der Summe aller Wertschöpfungen, die von Inländern im In- und Ausland in einem Jahr erstellt werden (Inländerprodukt). Für unsere weiteren Überlegungen ist diese Unterscheidung nicht von zentraler Bedeutung.

Aus obiger Gleichung (129) erhalten wir durch Umformung und unter Berücksichtigung des bereits bekannten Zusammenhangs: Y - C = S folgende Beziehung:

(130) $S - I = X - M,$

d.h. der Außenbeitrag entspricht der Differenz zwischen heimischer Ersparnis und Investition. Ist mithin der Außenbeitrag überschüssig (Exportüberschuß), dann übersteigt die heimische Ersparnis die Investitionen um diesen Überschuß. Das Ausland nimmt dann in diesem Umfang Inlandsersparnis in Anspruch. Umgekehrt, wenn der Außenbeitrag defizitär ist (Importüberschuß), partizipiert das Inland von der Ersparnis des Auslands.

Daraus wird deutlich, daß das Inland in Höhe des Außenbeitrags per Saldo entweder Kapital exportiert (Kapitalexport, KE) oder importiert (Kapitalimport, KI), je nachdem ob der Außenbeitrag überschüssig („positiv") oder defizitär („negativ") ist. Deshalb kann man auch schreiben:

(131) $S - I = X - M = (KE - KI)_{iwS} = NK_{iwS},$

wo NK_{iwS} entweder ein Nettokapitalexport ($NK > 0$) oder Nettokapitalimport ($NK < 0$) ist.[1] Nettokapitalexport bedeutet, daß die Forderungen der Inländer an Ausländer per Saldo zunehmen, beim Nettokapitalimport nehmen die Verbindlichkeiten der Inländer gegenüber Ausländern zu.

Die Zusammenhänge lassen sich noch etwas verfeinern. Der Außenbeitrag enthält hier alle Exporte und Importe von Waren und Dienstleistungen, die gegen direkte Bezahlung durchgeführt werden, als auch solche, die Transferzahlungen (Tr) sind, also unentgeltliche Übertragungen von Ausländern an Inländer (A → I) und umgekehrt (I → A). Eine Aufschlüsselung ergibt dann:

(132) $X - M = (X_{WD} - M_{WD}) + (Tr_{A \to I} - Tr_{I \to A}).$

---

[1]   Der Index iwS bedeutet „im weiteren Sinn". Zur Verdeutlichung vgl. Gleichung (133).

Der Saldo (X - M) wird als Saldo der Leistungsbilanz bezeichnet, bestehend aus dem Saldo der Waren- und Dienstleistungsbilanz (X_{WD} - M_{WD}) und dem Saldo der Übertragungsbilanz ($Tr_{A \to I}$-$Tr_{I \to A}$).

Beim Nettokapitalverkehr (NK) unterscheiden wir hinsichtlich der am Kapitalverkehr Beteiligten zwischen Personen, Unternehmungen, Geschäftsbanken und Zentralbank. Aus Gründen, die später deutlich werden, ist es sinnvoll, die Zentralbankaktivitäten beim Kapitalverkehr (NK_{ZB}) gesondert auszuweisen, so daß man schreiben kann:

$$(133) \quad NK_{iwS} = NK + NK_{ZB} = (KE - KI) + \Delta NF_{ZB}$$

ΔNF_{ZB} sind die Veränderungen der Nettoauslandsforderungen der Zentralbank. Wir bezeichnen diesen Ausdruck als Saldo der (ökonomischen) Zahlungsbilanz. Aus den Beziehungen (131), (132) und (133) ergibt sich dieser Zahlungsbilanzsaldo wie folgt:

$$
\begin{array}{lll}
(X_{WD} - M_{WD}) & (1) & \left.\vphantom{\begin{array}{l}a\\b\end{array}}\right\} \text{Leistungsbilanz}^{1} \\
+ \ (Tr_{A \to I} - Tr_{I \to A}) & (2) & \\
\hline
+ \ (KI\text{-}KE) & (3) & \text{Kapitalbilanz} \\
\hline
= \ \Delta NF_{ZB} & (4) &
\end{array}
$$

Wir erkennen, daß die Summe aller Teilsalden (1) bis (4) gleich Null ist. Jeder einzelne Teilsaldo muß natürlich nicht ausgeglichen sein, und er ist es in der Regel auch nicht. Stellt man den Zahlungsbilanzsaldo (4) - wertäquivalent der Summe aus (1) bis (3) - heraus, so lassen sich einige grundsätzliche Überlegungen hinsichtlich der Rolle der Zentralbank bei der Finanzierung internationaler Transaktionen machen.

---

[1] Schlüsselt man den Saldo (1) gesondert nach Waren und Dienstleistungen auf, dann erhält man jeweils den Saldo der Handelsbilanz und den der Dienstleistungsbilanz. Die Leistungsbilanz ist also die Summe aus Handels-, Dienstleistungs- und Übertragungsbilanz. Seit dem 1.1.1995 weicht die offizielle Zahlungsbilanzstatistik in Deutschland, die von der Deutschen Bundesbank erstellt wird, von dieser Systematik etwas ab, weil nur (noch) die sog. laufenden Übertragungen Bestandteil der Leistungsbilanz sind, nicht (mehr) jedoch die sog. Vermögensübertragungen, die eine eigenständige Teilbilanz innerhalb der Zahlungsbilanz bilden. Zudem werden Erwerbs- und Vermögenseinkommen nicht (mehr) in die Dienstleistungsbilanz integriert, sondern extra ausgegliedert.

Gleichen sich die Transaktionen in den Teilbilanzen (1) bis (3) aus, so ist auch die Zahlungsbilanz (4) ausgeglichen, d.h. die Zentralbank hat sich an der Finanzierung der Transaktionen nicht beteiligt, ihre Währungsreserven verändern sich deshalb ceteris paribus auch nicht. Dies ist z.B. der Fall, wenn die aus dem Außenwirtschaftsverkehr zur Bezahlung der Transaktionen resultierende Nachfrage nach Devisen mit dem Angebot an Devisen insgesamt übereinstimmt. Unter Devisen werden (im wesentlichen) Sichtguthaben verstanden, die Inländer bei ausländischen Banken unterhalten. Ausländische Banknoten und Münzen werden als Sorten bezeichnet. Devisen werden auf Devisenmärkten gehandelt, d.h. im internationalen Telefonverkehr zwischen Banken oder auf Devisenbörsen. Man kann deshalb auch sagen, daß der Zahlungsbilanzsaldo Null ist und die Devisenreserven der Zentralbank sich nicht verändern, wenn der Devisenmarkt im Gleichgewicht ist. Dies ist der Fall, wenn Wechselkurse ohne Einschränkung flexibel sind.

Unter dem Wechselkurs (exchange rate, e) zwischen zwei Währungen versteht man den Preis einer ausländischen Währungseinheit, ausgedrückt in inländischen Währungseinheiten, z.B. 1 US-\$ = e DM. Die Bestimmung des Wechselkurses läßt sich anhand folgender Grafik des Devisenmarktes illustrieren.

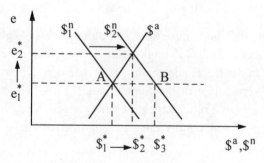

Abb. 62 - Der Devisenmarkt

Für die $\$^a$- und $\$^n$-Funktion ergibt sich e_1^* als Gleichgewichtswechselkurs. Ausgehend von dieser Gleichgewichtssituation würde eine \$-Nachfrageerhöhung (Verschiebung der $\$^n$-Kurve von $\$_1^n$ nach $\$_2^n$) bei frei flexiblem Wechselkurs zu einer Aufwertung des Dollar

(Abwertung der DM) auf e_2^* führen, ohne daß die Zentralbank aktiv am Marktgeschehen teilnimmt. Will die Zentralbank den Wechselkurs bei e_1^* konstant halten, dann muß sie im Umfang AB Währungsreserven anbieten, d.h. Dollar gegen DM verkaufen. Es entsteht dann bei e_1^* ein Zahlungsbilanzdefizit in Höhe von AB (ausgedrückt in Dollar), das die Zentralbank durch Verminderung ihrer Währungsreserven finanziert. Analog ergäbe sich ein Zahlungsbilanzüberschuß, wenn die Zentralbank Währungsreserven gegen heimische Währung kauft, um eine Abwertung der heimischen Währung zu verhindern. Ausgedrückt in DM hat das Zahlungsbilanzdefizit in Abb. 62 die Höhe $-\Delta NF_{ZB} = AB \cdot e_1^*$. Das ist genau der Umfang, in dem die Zentralbank die heimische Geldmenge durch den Verkauf von Währungsreserven verringert. Man erkennt, daß die Gestaltung des Wechselkurssystems - ob also die Wechselkurse flexibel sind oder fixiert werden - für die Höhe des Zahlungsbilanzsaldos entscheidend ist.

Zinsarbitrage und Spekulation

Angebot und Nachfrage auf dem Devisenmarkt resultieren, wie aufgezeigt, aus internationalen Transaktionen im Bereich der Leistungs- und Kapitalbilanz. Empirisch gesehen sind die Kapitaltransaktionen absolut dominierend, d.h. der Außenhandel in Waren und Dienstleistungen spielt für das Devisenmarktgeschehen eine untergeordnete Rolle. Man kann davon ausgehen, daß im allgemeinen nicht mehr als 3-5 % aller Devisentransaktionen mit der Finanzierung des Außenhandels zu tun haben, alle anderen Transaktionen werden aus reinen Finanzmarktmotiven heraus durchgeführt. Damit wird die herausragende Rolle des internationalen Kapitalverkehrs bei der - insbesondere kurzfristigen - Wechselkursbestimmung deutlich, wobei die Motive der Arbitrage und Spekulation im Vordergrund stehen.

Arbitrage liegt vor, wenn Wirtschaftseinheiten Preisdifferenzen zur Gewinnerzielung ausnutzen. Spekulation bedeutet, daß Wirtschaftssubjekte Transaktionen auf Basis unsicherer Zukunftserwartungen durchführen, z.B. heute Dollar kaufen, weil sie einen steigenden Dollarkurs erwarten. Die Spekulation enthält, weil Zukunftserwartungen unsicher sind, stets ein Risiko.

Gehen wir davon aus, daß es auf den internationalen Finanzmärkten keine Kapitalverkehrsbeschränkungen gibt und in- und ausländische Kapitalanlagen als vollkommene Substitute angesehen werden (vollkommener internationaler Finanzmarkt), dann kommt es wegen der Zinsarbitrage dazu, daß der inländische Zinsertrag mit dem um die Wechselkursänderungsrate korrigierten ausländischen Zinsertrag (annähernd) übereinstimmt:

$$(134) \quad i = i_a + \frac{e_t - e}{e}.$$

Dabei sind i der Inlands- und i_a der Auslandszinssatz, e_t der Terminwechselkurs und e der Kassawechselkurs. Der Terminkurs ist der Wechselkurs, der heute auf dem Devisenterminmarkt herrscht und zu dem zu einem späteren Zeitpunkt („per Termin"), z.B. in drei oder sechs Monaten, die Inlands- gegen die Auslandswährung getauscht wird (Termingeschäft). Deshalb unterscheidet sich der Devisenterminmarkt vom Devisenkassamarkt, auf dem der Austausch zweier Währungen sofort - in der Praxis spätestens nach zwei Tagen - vorgenommen wird (Kassageschäft).

Gleichung (134) zeigt auf, was man die gesicherte Zinsparität nennt. Der Ausdruck e_t-e/e wird als Swapsatz bezeichnet. Ist dieser positiv, spricht man von einem Report, ist er negativ, liegt ein Deport vor.

Gibt es Spekulation, z.B. auf dem Terminmarkt, dann muß der Terminkurs mit dem von den Devisenmarktakteuren erwarteten Kassakurs (e^e) übereinstimmen, wenn sich die Akteure risikoneutral verhalten, d.h. für eingegangene Risiken keine „Entschädigung" in Form höherer Erträge (Risikoprämie) verlangen:

$$(135) \quad e_t = e^e$$

Dies muß so sein, denn für den Fall $e_t < e^e$ würde es sich lohnen, Termindevisen zu kaufen, die den Terminkurs bis e^e steigen lassen. Umgekehrt würden bei $e_t > e^e$ Termindevisen verkauft mit der Wirkung einer entsprechenden Terminkursabsenkung. Anstelle von Gleichung (134) ergibt sich nunmehr

(136) $i = i_a + \dfrac{e^e - e}{e}$

als ungedeckte Zinsparität. Damit kann der (Kassa-) Wechselkurs bestimmt werden als

(137) $e = \dfrac{e^e}{1 + i - i_a}$.

Der gegenwärtige Wechselkurs wird also determiniert durch den Inlands- und Auslandszins sowie durch Wechselkurserwartungen. Hier kommen wieder die verschiedenen Erwartungsbildungshypothesen (vgl. Kap. IV.7.1., S. 112f.) in Betracht. Geht man von rationalen Wechselkurserwartungen aus, wie sie in der sog. Theorie effizienter Devisenmärkte unterstellt werden, dann enthält der gegenwärtige Wechselkurs alle für die Kursbildung auf dem Devisenmarkt relevanten Informationen, und damit ist er das beste Informationsaggregat für die Bildung von Erwartungen über zukünftige Wechselkurse.

Risikoneutralität trifft die Präferenzstruktur der Spekulanten indessen wohl weniger als Risikoaversion. Sie bedeutet, daß Wirtschaftssubjekte für eingegangene Risiken durch eine Risikoprämie entschädigt werden wollen. In diesem Fall weicht der Terminkurs in Höhe dieser Risikoprämie (rp) vom erwarteten Kassakurs ab:

(138) $e_t = e^e + rp$

Damit ist der gegenwärtige Wechselkurs unter Berücksichtigung von (137) als

(139) $e = \dfrac{e_t + rp}{1 + i - i_a}$

bestimmt.

Differenziert man die Analyse dadurch, daß neben dem Geldmarkt auch in- und ausländische Wertpapiermärkte berücksichtigt werden (unvollkommener internationaler Finanzmarkt), dann wird die Wechselkursbestimmung im Rahmen eines sog. Finanzmarktmodells vorgenommen. Im Finanzmarktansatz wird eine simultane Bestimmung von Wechselkurs und Inlandszins auf Basis der Gleichgewichtsbedingungen für den Geldmarkt sowie den in- und ausländischen Wertpapiermarkt vorgenommen. Zentrales Ergebnis ist, daß eine expansive Geldpolitik der Zentralbank zu einer Zinssenkung im Inland führt, was die Auslandsanlagen attraktiver macht. Eine verstärkte Nachfrage nach Auslandswertpapieren läßt den Wechselkurs steigen, die heimische Währung wertet ab. Eine kontraktive Geldpolitik bewirkt entsprechend eine Aufwertung der Inlandswährung bei steigendem Zins.

Offene Makroökonomik

Eine Erweiterung der makroökonomischen Modellwelt um die außenwirtschaftliche Dimension kann in vielfältiger Weise sowohl im klassisch-neoklassischen als auch im keynesianischen Modellrahmen erfolgen. Wir wollen hier nur das Grundsätzliche der Modellerweiterung aufzeigen, das in beiden Ansätzen von Bedeutung ist. Dies soll anhand eines keynesianischen Modells geschehen, das wie kaum ein anderes seit Anfang der 1960er Jahre die Diskussion beeinflußt hat und das als sog. Mundell-Fleming-Modell in der Literatur bekannt geworden ist. Es handelt sich um eine kleine offene Volkswirtschaft, in der ein Gut (bzw. Güterbündel) produziert wird, das sowohl im Inland als auch im Ausland verkauft wird und das in Konkurrenz zum Auslandsgut steht. Die Güterpreise sind fixiert (Fixpreisansatz). Inlands- und Auslandsgut sind im Urteil der Nachfrager unvollkommene Substitute, d.h. sie haben keinen einheitlichen Preis. Das Modell besteht aus drei Märkten: dem heimischen Gütermarkt, dem heimischen Geldmarkt und dem Devisenmarkt.

Gütermarkt:

$$(140) \quad Y^a = C(Y) + I(i) + X(e_r, Y_a) - M(e_r, Y)$$
$$\quad\quad\quad\quad + \quad\quad - \quad\quad + \ + \quad\quad - \ +$$

mit Y_a als Auslandsvolkseinkommen und e_r als sog. realem Wechselkurs, der definiert ist als

$$(141) \quad e_r = \frac{e p_a}{p},$$

wo p_a den Auslandspreis in Auslandswährung und p den Inlandspreis in Inlandswährung bezeichnen. Da im In- und Ausland nur jeweils ein Gut produziert wird, entspricht der Auslandspreis dem Importgüterpreis und der Inlandspreis dem Exportgüterpreis, d.h. der reale Wechselkurs ist hier definiert als Verhältnis von Import- zu Exportgüterpreis, beide ausgedrückt in Inlandswährung. Die in Gleichung (140) aufgezeigte Abhängigkeit des Imports vom Inlandseinkommen impliziert die Annahme, daß der Import mit zunehmendem Einkommen steigt. Da dies auch für das Ausland unterstellt wird, hängt der heimische Export, der dem Import des Auslands entspricht, vom Auslandseinkommen ab. Steigt der Realwechselkurs, d.h. wertet die Auslandswährung real auf und die Inlandswährung real ab, dann wird das Importgut im Verhältnis zum Exportgut relativ teurer. Dies führt zu einer Erhöhung der Export- und einer Verringerung der Importgüternachfrage. Da im Fixpreismodell Inlands- und Auslandspreis konstant sind, kann der reale Wechselkurs sich nur durch Veränderung des nominalen Wechselkurses (e) verändern. Deshalb läßt sich für (140) auch schreiben:

$$(142) \quad Y^a = C(\underset{+}{Y}) + I(\underset{-}{i}) + X(\underset{+}{e}, \underset{+}{Y_a}) - M(\underset{-}{e}, \underset{+}{Y_a})$$

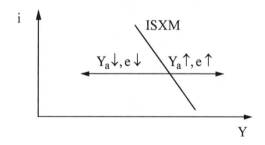

Abb. 63 - ISXM-Funktion in Abhängigkeit vom Auslandseinkommen und Wechselkurs

Im Y,i-Diagramm des keynesianischen Modells erhält man anstelle der für das geschlossene System geltenden IS-Funktion die ISXM-Funktion, deren Lage nunmehr auch vom Auslandseinkommen Y_a und vom nominalen Wechselkurs beeinflußt wird.

Geldmarkt:

Die Geldmarktgleichgewichtsbedingung unterscheidet sich nicht von der in der geschlossenen Volkswirtschaft, wobei unterstellt wird, daß die Geldnachfrage nur von inländischen Wirtschaftseinheiten herrührt:

$$(143) \quad \frac{M^a}{p} = \tilde{M}^n(Y,i).$$

Beim Geldangebot allerdings differenzieren wir nach den Komponenten der Geldentstehung: einer inländischen und einer ausländischen. Die Zentralbank kann Geld schaffen, indem sie Kredite an inländische Geschäftsbanken sowie an Private gewährt (KR) und indem sie Währungsreserven (R) kauft, wenn ein Zahlungsbilanzüberschuß vorliegt:

$$(144) \quad M^a = KR + R$$

Damit ergibt sich für die LM-Funktion das in Abb. 64 illustrierte Bild.

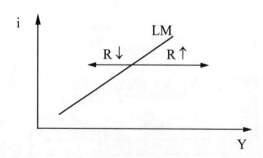

Abb. 64 - LM-Funktion in Abhängigkeit von den Währungsreserven

Devisenmarkt:

Der Devisenmarkt dokumentiert - je nachdem, ob feste oder flexible Wechselkurse vorliegen -, ob die Zahlungsbilanz ausgeglichen oder überschüssig bzw. defizitär ist. Aus unserer Zahlungsbilanzdefinition ergibt sich - wenn wir aus Vereinfachungsgründen die Übertragungsbilanz unberücksichtigt lassen - in Verbindung mit Gleichung (142)

(145) $\Delta NF_{ZB} = X(e, Y_a) - M(e, Y) + NK(i, i_a).$
$$+ \quad + \qquad - \quad + \qquad + \quad +$$

Mit steigendem Inlandszins und sinkendem Auslandszins, d.h. mit einer relativen Erhöhung der Rendite der Inlandsaktiva im Vergleich zu der der Auslandsaktiva, nimmt der Kapitalimport zu und der Kapitalexport ab und vice versa.

Wenn wir mit Z den Zahlungsbilanzsaldo bezeichnen, dann gilt im Zahlungsbilanzgleichgewicht

(146) $Z = 0.$

Diese Z-Funktion hat im Y,i-Diagramm eine positive Steigung, denn wenn z.B. eine Y-Erhöhung den Außenbeitrag verringert (über eine M-Erhöhung), dann würde daraus bei konstantem NK-Saldo eine Devisenüberschußnachfrage, d.h. ein Zahlungsbilanzdefizit, resultieren. Dies läßt sich durch eine Zinserhöhung im Inland vermeiden, die den Nettokapitalimport erhöht und damit die Überschußnachfrage auf dem Devisenmarkt wieder abbaut. Mithin gilt der in Abb. 65 dargestellte Z-Kurvenverlauf.

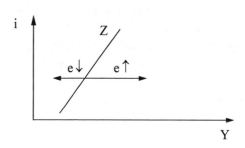

Abb. 65 - Z-Funktion in Abhängigkeit vom Wechselkurs

Je elastischer der Nettokapitalimport auf Änderungen des Inlandszinssatzes reagiert, desto flacher ist die Z-Funktion. Im Extremfall völlig zinselastischen Kapitalimports verläuft sie horizontal.[1] Ober-

---

[1] Dies ist der von Robert Mundell anvisierte Fall. Er impliziert, daß Inlands- und Auslandszins übereinstimmen.

halb der Z-Funktion ist der Zahlungsbilanzsaldo positiv, unterhalb ist er negativ. Mit steigendem Wechselkurs verschiebt sich die Z-Funktion nach rechts und mit sinkendem nach links. Begründen läßt sich dies wie folgt: Ein steigender Wechselkurs vergrößert den Außenbeitrag, was über den Devisenzufluß zu einem Devisenangebotsüberschuß führt. Dieser kann nur durch eine Senkung des Inlandszinssatzes wieder rückgängig gemacht werden. Die Z-Kurve verschiebt sich damit nach rechts, so daß der Überschußbereich des Zahlungsbilanzsaldos größer wird.

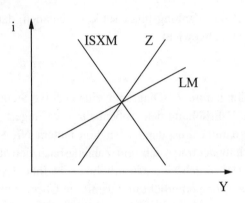

Abb. 66 - ISXM-, LM- und Z-Funktion

Damit ist das Y,i-Diagramm für eine offene Volkswirtschaft im Mundell-Fleming-Modell wie in Abb. 66 darstellbar. Anhand dieser Graphik der Integration der Außenwirtschaftsbeziehungen in das IS-LM-System lassen sich in Analogie zu der im geschlossenen keynesianischen System vorgenommenen Analyse verschiedene Konstellationen in bezug auf die Lage der drei Funktionen untersuchen. Dies ist insbesondere von Bedeutung, wenn man die Beschäftigungssituation - wie in Abb. 67 beispielhaft dargestellt - mit einbezieht.

Befindet sich die Volkswirtschaft im Punkt A, so sind Gütermarkt (bzw. Kapitalmarkt) ebenso wie die Zahlungsbilanz im Gleichgewicht, aber es herrschen Arbeitslosigkeit und ein Überschußangebot auf dem Geldmarkt. Im Punkt C ist die Zahlungsbilanz im Defizit, aber Geldmarkt und Güter- (bzw. Kapital-) Markt sind im Gleichgewicht, es herrscht aber auch hier Unterbeschäftigung. Dies ist der typische Fall eines Zielkonflikts zwischen extern und intern ausge-

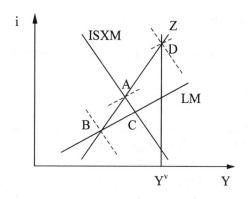

Abb. 67 - Alternative Konstellationen im ISXM-LM-Z-System

richterer Wirtschaftspolitik: Zur Beseitigung des Zahlungsbilanzde-
fizits müßte entweder die ISXM-Funktion nach links durch B ver-
schoben werden (kontraktive Fiskalpolitik) oder die LM-Funktion
nach oben durch A (kontraktive Geldpolitik). Beides würde indessen
das Beschäftigungsproblem verschärfen. Will man dagegen auch
Vollbeschäftigung erreichen, müßte versucht werden, beide Funktionen so zu verschieben, daß sie sich in D mit der Z-Funktion
schneiden. Mithin wäre die Kombination von expansiver Fiskal- und
kontraktiver Geldpolitik die richtige Politikmischung (policy mix).
Die Policy-mix-Strategien ändern sich offensichtlich bei alternativen
Konstellationen der in Abb. 67 aufgezeigten Funktionen. Es kommt
hinzu, daß die stabilisierungspolitischen Empfehlungen wesentlich
davon abhängen, ob der Wechselkurs fest oder flexibel ist, weil davon die Effizienz der Geld- und Fiskalpolitik bestimmt wird.

Die Erweiterung des klassisch-neoklassischen Modelltyps um die
Außenwirtschaftsbeziehungen ist in der Literatur in vielfältiger
Weise ebenso vorgenommen worden wie die des keynesianischen
Typs. Hier existiert ein weites Feld modelltheoretischer Varianten,
die zum Teil zu beachtlichen stabilitätspolitischen Kontroversen ge-
führt haben.

13.3 Reale Theorie

Die realwirtschaftliche Modellwelt der Außenwirtschaftstheorie beschäftigt sich mit Fragestellungen, die sich vor allem auf die Analyse der Bestimmungsgrößen des Außenhandels zwischen verschiedenen Volkswirtschaften konzentriert. Es wird auch nach den Wirkungen des Außenhandels auf den wirtschaftlichen Wohlstand der Länder gefragt. Innerhalb der realen Theorie wird ebenso untersucht, welchen Einfluß z.B. Zölle und andere Handelshemmnisse auf den internationalen Handel haben und was passiert, wenn man im Rahmen der Integration von Staaten - etwa im Rahmen der Europäischen Union - die Handelshemmnisse abbaut und damit die ökonomischen Grenzen zwischen Nationen reduziert.

Man kann sagen, daß die Wurzeln der modernen Außenwirtschaftstheorie bei den ökonomischen Klassikern zu finden sind: bei Adam Smith (1723-1790) und David Ricardo (1772-1823). Denn verbindet man die Erkenntnis, daß Arbeitsteilung prinzipiell wohlstandsmehrend wirkt, mit dem Gedanken, daß zur Maximierung des Wohlstands die Güter dieser Welt dort produziert werden sollen, wo die Produktion vergleichsweise die geringsten Opportunitätskosten verursacht, dann gelangt man zu Ricardos Prinzip der komparativen Kostenvorteile. Internationale Arbeitsteilung gemäß diesem Prinzip bedeutet dann auch internationalen Handel, der frei ist von jeglichen Behinderungen, damit sich die wohlstandsmehrenden Wirkungen der Arbeitsteilung voll entfalten können. Freihandel wird dann zur entscheidenden Voraussetzung für wohlstandsmaximierende Wirtschaftsbeziehungen.

Das Prinzip der komparativen Kostenvorteile wirft die Frage nach deren Bestimmungsgrößen auf. Traditionell wird im Rahmen der realen Außenwirtschaftstheorie auf unterschiedliche Faktorproduktivitäten (Ricardo) oder unterschiedliche Faktorausstattungen der Länder (Heckscher, Ohlin) hingewiesen. Neuere Untersuchungen, die sich u.a. mit Gedankengängen der Theorie endogenen Wachstums (vgl. Kap. IV.12.3.) verbinden, zeigen, daß der Humankapitalbestand eine zentrale Rolle in der Ausprägung komparativer Vorteile eines Landes spielt. Durch eigene Investitionen in Humankapital können Länder damit weitgehend selbst beeinflussen, ob, in welchem Umfang und in welchen Bereichen sie komparative Kostenvorteile erwerben und am internationalen Güteraustausch teilnehmen.

In neuerer Zeit ist versucht worden, Bedingungen aufzuzeigen, die das Freihandelspostulat nicht generell, sondern nur unter den spezifischen Bedingungen des vollkommenen Wettbewerbs als gültig herausstellen. Bei unvollkommenem Wettbewerb im Oligopol können theoretische Fälle konstruiert werden, die das Freihandelspostulat für ein einzelnes Land in Frage stellen.[1] Allerdings wird im Rahmen der realen Außenwirtschaftstheorie auch zunehmend nach der empirischen Relevanz dieser Modellkategorien gefragt, und es scheint dabei, daß die klassischen Grundlagen der Theorie des internationalen Handels sich als um einiges widerstandsfähiger gezeigt haben als mancher andere Teil der Wirtschaftstheorie.

Da der vierte Band dieser Reihe (Helga Luckenbach (1997): Volkswirtschaftslehre im Überblick, Bd. IV: Internationale Wirtschaftsbeziehungen, München 1997) sich explizit mit der Theorie und Politik der Außenwirtschaft beschäftigt, verweisen wir zur weiteren Vertiefung außenwirtschaftsrelevanter Studien auf diesen Band.

---

[1] Dies geschieht z.B. im Rahmen der „Theorie strategischer Handelspolitik".

Literaturverzeichnis

Die im folgenden aufgeführten Literaturangaben stellen - der Konzeption des Buches entsprechend - eine Auswahl dar. Es empfiehlt sich, die im Band I dieser Reihe (Luckenbach (1994)) aufgeführte Literaturliste mit heranzuziehen. Die Literatur ist in drei Komplexe gegliedert: 1. Literatur, die in die Wirtschaftstheorie bzw. Volkswirtschaftslehre allgemein einführt. 2. Speziell sich auf die mikroökonomische Theorie und 3. speziell sich auf die makroökonomische Theorie beziehende Literatur.

1. In die Wirtschaftstheorie (bzw. Volkswirtschaftslehre) allgemein einführende Literatur

Altmann, J. (1991): Volkswirtschaftslehre, 3. Aufl., Stuttgart, Jena.

Arnold, V. (1996): Volkswirtschaftslehre. Eine Einführung für Nichtökonomen, München

Bartling, H., Luzius, F. (1996): Grundzüge der Volkswirtschaftslehre, 11. Aufl., München.

Baßeler, U., Heinrich, J., Koch, W. (1991): Grundlagen und Probleme der Volkswirtschaft, 13. Aufl., Köln.

Berthold, N. (Hrsg.) (1995): Allgemeine Wirtschaftstheorie, München.

Blum, U. (1992): Volkswirtschaftslehre. Studienhandbuch, München, Wien.

Ehrlicher, W., u.a. (Hrsg.) (1975): Kompendium der Volkswirtschaftslehre, Bd. 1, 5. Aufl., Göttingen.

Ehrlicher, W., u.a. (Hrsg.) (1975): Kompendium der Volkswirtschaftslehre, Bd. 2, 4. Aufl., Göttingen.

Ertel, R. (1996): Volkswirtschaftslehre, 5. Aufl., München, Wien.

Fischbach, R. (1996): Volkswirtschaftslehre I. Einführung und Grundlagen, München, Wien.

Giersch, H. (1994): Die Volkswirtschaftslehre im Glanz und Dämmerschein. Gastvorträge am Institut für Theoretische Volkswirtschaftslehre der Christian-Albrechts-Universität zu Kiel, Kiel.

Gruber, U., Kleber, M. (1994): Grundlagen der Volkswirtschaftslehre, 2. Aufl., München.

Güth, W. (1992): Theorie der Marktwirtschaft, Berlin, Heidelberg, New York u.a.

Gutmann, G. (1993): Volkswirtschaftslehre. Eine ordnungstheoretische Einführung, 5. Aufl., Stuttgart u.a.

Hanusch, H., Kuhn, T. (1991): Einführung in die Volkswirtschaftslehre, Berlin, Heidelberg, New York u.a.

Hardes, H.-D., Mertes, J. (1990): Grundzüge der Volkswirtschaftslehre, München, Wien.

Heertje, A., Wenzel, H.-D. (1993): Grundlagen der Volkswirtschaftslehre, 4. Aufl., Berlin, Heidelberg, New York u.a.

Henrichsmeyer, W., Gans, O., Evers, I. (1983): Einführung in die Volkswirtschaftslehre, Stuttgart.

Issing, O. (Hrsg.) (1994): Geschichte der Nationalökonomie, 3. Aufl., München.

Lachmann, W. (1993): Volkswirtschaftslehre. Bd. 1: Grundlagen, Berlin, Heidelberg, New York u.a.

Luckenbach, H. (1994): Volkswirtschaftslehre im Überblick, Bd. I: Grundlagen der Volkswirtschaftslehre, München.

Ott, A.E., Winkel, H. (1985): Geschichte der theoretischen Volkswirtschaftslehre, Göttingen.

Ott, A.E. (1989): Wirtschaftstheorie. Eine erste Einführung, Göttingen.

Samuelson, P.A., Nordhaus, W.D. (1987): Volkswirtschaftslehre. Grundlagen der Makro- und Mikroökonomie, Bd. I und II, 8. Aufl., Köln.

Schneider, E. (1962): Einführung in die Wirtschaftstheorie, IV. Teil. Ausgewählte Kapitel der Geschichte der Wirtschaftstheorie, Tübingen.

Siebert, H. (1992): Einführung in die Volkswirtschaftslehre, 11. Aufl., Stuttgart u.a.

Starbatty, J. (1985): Die englischen Klassiker der Nationalökonomie. Lehre und Wirkung, Darmstadt.

Vahlens Kompendium der Wirtschaftstheorie und Wirtschaftspolitik (1995): Bd. 1 und Bd. 2, 6. Aufl., München.

Woll, A. (1996): Allgemeine Volkswirtschaftslehre, 12. Aufl., München.

2. Spezielle Literatur zur mikroökonomischen Theorie

Böventer, E. v. (1991): Einführung in die Mikroökonomie, 7. Aufl., München, Wien.

Borchert, M., Grossekettler, H. (1985): Preis- und Wettbewerbstheorie. Marktprozesse als analytisches Problem und ordnungspolitische Gestaltungsaufgabe, Stuttgart.

Brand, K., Köhler, W., Schulz, W. (1972/1974): Mikroökonomie. Eine Aufgabensammlung mit Lösungen, Bd. I - IV, Freiburg/Br.

Cobb, P.H., Douglas, C.W. (1928): A theory of production. American Economic Review, Papers and Proceedings, 18, 139 - 165.

Cournot, A.A. (1838): Recherches sur les principes mathématiques de la théorie des richesses, Paris.

Demmler, H. (1996): Grundlagen der Mikroökonomik, 3. Aufl., München, Wien.

Dieckheuer, G. (Hrsg.) (1995): Beiträge zur angewandten Mikroökonomie, Berlin, Heidelberg, New York u.a.

Fehl, U., Oberender, P. (1994): Grundlagen der Mikroökonomie, 6. Aufl., München.

Franke, J. (1995): Grundzüge der Mikroökonomik, 7. Aufl., München, Wien.

Gabisch, G. (1995): Haushalte und Unternehmen. In: Vahlens Kompendium der Wirtschaftstheorie und Wirtschaftspolitik, Bd. 2, 6. Aufl., München.

Gossen, H.H. (1854): Entwicklung der Gesetze des menschlichen Verkehrs und den daraus fließenden Regeln für menschliches Handeln, Berlin.

Gutenberg, E. (1984): Grundlagen der Betriebswirtschaftslehre, Bd. 2: Der Absatz, 17. Aufl., Berlin.

Hasse, R. (1982): Die Sicherungsfunktion des Wettbewerbs. ORDO, 33, 149-164.

Helmstädter, E. (1991): Wirtschaftstheorie I. Mikroökonomische Theorie, 4. Aufl., München.

Henderson, J.M., Quandt, R.E. (1983): Mikroökonomische Theorie, 5. Aufl., München.

Herberg, H. (1989): Preistheorie. Eine Einführung in die Mikroökonomik, 2. Aufl., Stuttgart u.a.

Hesse, H. (Hrsg.) (1980): Arbeitsbuch angewandte Mikroökonomik, Tübingen.

Heuss, E. (1965): Allgemeine Markttheorie, Tübingen, Zürich.

Hoyer, W., Rettig, R. (1984): Grundlagen der mikroökonomischen Theorie, 2. Aufl., Düsseldorf.

Krelle, W. (1969): Produktionstheorie, Tübingen.

Krelle, W. (1976): Preistheorie, Teil I und II, 2. Aufl., Tübingen.

Luckenbach, H. (1975): Theorie des Haushalts, Göttingen.

Malinvaud, E. (1972): Lectures on microeconomic theory, Amsterdam.

Neumann, M. (1991): Theoretische Volkswirtschaftslehre II. Produktion, Nachfrage und Allokation, 3. Aufl., München.

Ott, A.E. (1989): Grundzüge der Preistheorie, 3. Aufl., Göttingen.

Pfingsten, A. (1989): Mikroökonomik. Eine Einführung, Berlin, Heidelberg, New York u.a.

Reiss, W. (1990): Mikroökonomische Theorie: Historisch fundierte Einführung, München, Wien.

Richter, R. (1963): Preistheorie, Wiesbaden.

Schneider, E. (1972): Einführung in die Wirtschaftstheorie, II. Teil. Wirtschaftspläne und wirtschaftliches Gleichgewicht in der Verkehrswirtschaft, 13. Aufl., Tübingen.

Schneider, H. (1986): Mikroökonomie, 4. Aufl., München.

Schumann, J. (1992): Grundzüge der mikroökonomischen Theorie, 6. Aufl., Berlin, Heidelberg, New York u.a.

Siebke, J. (1995): Preistheorie. In: Vahlens Kompendium der Wirtschaftstheorie und Wirtschaftspolitik, Bd. 2, 6. Aufl., München.

Stobbe, A. (1991): Volkswirtschaftslehre II. Mikroökonomik, 2. Aufl., Berlin, Heidelberg, New York u.a.

Stocker, F. (1996): Mikroökonomik. Repititorium und Übungen, München, Wien.

Streissler, M. (1974): Theorie des Haushalts, Stuttgart.

Varian, H.R. (1994): Mikroökonomie, 3. Aufl., München, Wien.

Walsh, V. (1970): Introduction to contemporary microeconomics, New York.

Weise, P. (1991): Neue Mikroökonomie, 2. Aufl., Stuttgart, New York.

Wied-Nebbeling, S. (1993): Markt- und Preistheorie, Berlin, Heidelberg, New York u.a.

3. Spezielle Literatur zur makroökonomischen Theorie

Barro, R.J. (1984): Makroökonomie, Regensburg.

Barro, R.J., Grilli, V. (1996): Makroökonomik. Europäische Perspektive, München, Wien.

Berthold, N., Fehn, R. (1995): Arbeitsmarkttheorie. In: Berthold, N. (Hrsg.): Allgemeine Wirtschaftstheorie, München.

Blümle, G., Patzig, W. (1988): Grundzüge der Makroökonomie, Freiburg/Br.

Borchert, M. (1982): Geld und Kredit. Eine Einführung in die Geldtheorie und Geldpolitik, Stuttgart u.a.

Bretschger, L. (1996): Wachstumstheorie, München, Wien.

Burda, M., Wyplosz, C. (1994): Makroökonomik. Eine europäische Perspektive, München.

Carlberg, M. (1988): Theorie der Arbeitslosigkeit, München.

Carlberg, M. (1989): Makroökonomik der offenen Wirtschaft, München.

Carlberg, M. (1992): Monetary and Fiscal Dynamics, Heidelberg.

Cassel, D. (1995): Inflation. In: Vahlens Kompendium der Wirtschaftstheorie und Wirtschaftspolitik, Bd. 1, 6. Aufl., München.

Cezanne, W. (1988): Grundsätze der Makroökonomik, 4. Aufl., München.

Claassen, E.-M. (1980): Grundlagen der makroökonomischen Theorie, München.

Clower, R.W. (1963): Die Keynesianische Gegenrevolution: eine theoretische Kritik. Schweizerische Zeitschrift für Volkswirtschaft und Statistik, 99, 8-31.

De Grauwe, P. (1983): Macroeconomic Theory for the Open Economy, Aldershot.

Dernburg, T.F. (1989): Global Macroeconomics, New York.

Dieckheuer, G. (1995): Makroökonomik. Theorie und Politik, Berlin, Heidelberg, New York u.a.

Domar, E.D. (1946): Capital Expansion, Rate of Growth, and Employment. Econometrica, 14, 137-147.

Dornbusch, R. (1980): Open Economy Macroeconomics, New York.

Dornbusch, R., Fischer, S. (1992): Makroökonomik, 5. Aufl., München, Wien.

Duwendag, D. u.a. (1993): Geldtheorie und Geldpolitik, 4. Aufl., Köln.

Felderer, B., Homburg, S. (1994): Makroökonomik und neue Makroökonomik, 6. Aufl., Berlin, Heidelberg, New York u.a.

Filc, W. (1992): Theorie und Empirie des Kapitalmarktzinses, Stuttgart.

Franz, W. (1994): Arbeitsmarktökonomik, 2. Aufl., Berlin, Heidelberg, New York u.a.

Franz, W. (1995): Makroökonomische Kontroversen. In: Berthold, N. (Hrsg.): Allgemeine Wirtschaftstheorie, München.

Friedman, M. (1956): The Quantity Theory of Money - A Restatement. In: Friedman, M. (ed.): Studies in the Quantity Theory of Money, Chicago.

Friedman, M. (1957): A Theory of the Consumption Function, New York.

Fuhrmann, W. (1991): Makroökonomik. Zur Theorie interdependenter Märkte, 3. Aufl., München, Wien.

Fuhrmann, W. (1994): Geld und Kredit. Prinzipien monetärer Makroökonomie, 3. Aufl., München, Wien.

Gabisch, G. (1995): Konjunktur und Wachstum. In: Vahlens Kompendium der Wirtschaftstheorie und Wirtschaftspolitik, Bd. 1, 6. Aufl., München.

Gahlen, B., Hesse, H., Ramser, H.J. (Hrsg.) (1991): Wachstumstheorie und Wachstumspolitik. Ein neuer Anlauf, Tübingen.

Hagemann, H., Kurz, H.D., Schäfer, W. (Hrsg.) (1981): Die neue Makroökonomik. Marktungleichgewicht, Rationierung und Beschäftigung, Frankfurt a.m., New York.

Harrod, R.F. (1939): An Essay in Dynamic Theory. Economic Journal, 49, 14-23.

Helmstädter, E. (1986): Wirtschaftstheorie II. Makroökonomische Theorie, 3. Aufl., München.

Henning, A. (1997): Beveridge-Kurve, Lohnsetzung und Langzeitarbeitslosigkeit, Frankfurt a.M. u.a.

Heubes, J. (1995): Grundlagen der modernen Makroökonomie, München.

Hicks, J.R. (1937): Mr. Keynes and the Classics: A Suggested Interpretation. Econometrica, 5, 147-159.

Issing, O. (1993): Einführung in die Geldtheorie, 9. Aufl., München.

Jarchow, H.-J. (1993): Theorie und Politik des Geldes, Bd. I. Geldtheorie, 9. Aufl., Göttingen.

Jarchow, H.-J., Rühmann, P. (1994): Monetäre Außenwirtschaft I. Monetäre Außenwirtschaftstheorie, 4. Aufl., Göttingen.

Kath, D. (1995): Geld und Kredit. In: Vahlens Kompendium der Wirtschaftstheorie und Wirtschaftspolitik, Bd. 1, 6. Aufl., München.

Keynes, J.M. (1936): The General Theory of Employment, Interest, and Money, London.

Kösters, W. (1986): Zur theoretischen und empirischen Bestimmung der Vollbeschäftigung, Göttingen.

Kösters, W. (1994): Neue Wachstumstheorie und Außenhandelstheorie. WiSt, Wirtschaftswissenschaftliches Studium, 23, 117-122.

Krelle, W. (1988): Theorie des wirtschaftlichen Wachstums, 2. Aufl., Berlin, Heidelberg, New York u.a.

Kromphardt, J. (1993): Wachstum und Konjunktur, 3. Aufl., Göttingen.

Landmann, O. (1981): Keynes in der heutigen Wirtschaftstheorie. In: Bombach u.a. (Hrsg.): Der Keynesianismus I. Theorie und Praxis keynesianischer Wirtschaftspolitik, 2. Aufl., Berlin u.a.

Leijonhufvud, A. (1973): Über Keynes und den Keynesianismus, Köln.

Long, J.B., Plosser, C.I. (1983): Real Business Cycles. Journal of Political Economy, 91, 39-69.

Lucas, R.E. (1975): An Equilibrium Model of the Business Cycle. Journal of Political Economy, 83, 1133-1144.

Luckenbach, H. (1997): Volkswirtschaftslehre im Überblick, Bd. IV: Internationale Wirtschaftsbeziehungen, München.

Mankiw, N.G. (1996): Makroökonomik, 2. Aufl., Wiesbaden.

Malinvaud, E. (1977): The Theory of Unemployment Reconsidered, Oxford.

Maußner, A. (1994): Konjunkturtheorie, Berlin, Heidelberg, New York u.a.

Maußner, A., Klump, R. (1996): Wachstumstheorie, Berlin, Heidelberg, New York u.a.

Meyer, U. (1983): Neue Makroökonomik. Ungleichgewichtsanalyse mit Hilfe der Methode des temporären Gleichgewichts, Berlin, Heidelberg, New York u.a.

Monissen, H.G. (1982): Makroökonomische Theorie. Bd. 1: Sozialprodukt, Preisniveau und Zinsrate, Stuttgart u.a.

Monissen, H.G. (1982): Makroökonomische Theorie. Bd. 2: Geldmenge, Beschäftigung und Inflation, Stuttgart u.a.

Neumann, M. (1991): Theoretische Volkswirtschaftslehre I. Makroökonomische Theorie: Beschäftigung, Inflation und Zahlungsbilanz, 4. Aufl., München.

Neumann, M.J.M. (1983): Monetaristische Theorie der kurzen Frist und die Rolle der Erwartungen. In: Bombach, G. u.a. (Hrsg.): Makroökonomik heute: Gemeinsamkeiten und Gegensätze, Tübingen.

Ohr, R. (1980): Internationale Interdependenz nationaler Geld- und Gütermärkte, Hamburg.

Paraskewopoulos, S. (1995): Makroökonomik. Eine Einführung, Stuttgart u.a.

Peschutter, G. (1992): Geldpolitik bei multipler Zielsetzung, Bern u.a.

Petersen, H.-G. (1988): Finanzwissenschaft II, 3. Aufl., Stuttgart u.a.

Petersen, H.-G. (1997): Volkswirtschaftslehre im Überblick. Bd. III: Volkswirtschaftspolitik, München.

Phillips, A.W. (1958): The Relation Between Unemployment and the Rate of Change of Money Wage Rates in the United Kingdom, 1861-1957. Economica, 25, 283-299.

Pohl, R. (1991): Theorie der Inflation. Grundzüge der modernen Makroökonomik, München.

Ramser, H.J. (1995): Wachstumstheorie. In: Berthold, N. (Hrsg.): Allgemeine Wirtschaftstheorie, München.

Reither, F. (1996): Inflation. In: Gablers Volkswirtschaftslexikon, Wiesbaden.

Rettig, R., Voggenreiter, D. (1996): Makroökonomische Theorie, 6. Aufl., Düsseldorf.

Richter, R., Schlieper, U., Friedmann, W. (1981): Makroökonomische Theorie. Eine Einführung, 4. Aufl., Berlin, Heidelberg, New York u.a.

Rittenbruch, K. (1993): Makroökonomie, 8. Aufl., München, Wien.

Rose, K. (1991): Grundlagen der Wachstumsthoerie, 6. Aufl., Göttingen.

Rose, K., Sauernheimer, K. (1992): Theorie der Außenwirtschaft, 11. Aufl., München.

Rothschild, K.W. (1981): Einführung in die Ungleichgewichtstheorie, Berlin, Heidelberg, New York u.a.

Sachs, J.D., Larrain B.F. (1995): Makroökonomik. In globaler Sicht, München, Wien.

Schäfer, W. (1979): Einkommensbeschränkung, Beschäftigung und Reallohn. Jahrbücher für Nationalökonomie und Statistik, 194, 1-18.

Schäfer, W. (1981): Währungen und Wechselkurse, Würzburg, Wien.

Schmidt-Rink, G., Bender, D. (1992): Makroökonomie geschlossener und offener Volkswirtschaften, 2. Aufl., Berlin, Heidelberg, New York u.a.

Schneider, E. (1968): Zahlungsbilanz und Wechselkurs, Tübingen.

Schneider, E. (1973): Einführung in die Wirtschaftstheorie, III. Teil. Geld, Kredit, Volkseinkommen und Beschäftigung, 12. Aufl., Tübingen.

Siebke, J., Thieme, H.J. (1995): Einkommen, Beschäftigung, Preisniveau. In: Vahlens Kompendium der Wirtschaftstheorie und Wirtschaftspolitik, Bd. 1, 6. Aufl., München.

Siebke, J., Willms, M. (1974): Theorie der Geldpolitik, Berlin, Heidelberg, New York.

Solow, R.M. (1956): A contribution to the theory of economic growth. Quartely Journal of Economics, 70, 65-94.

Solow, R.M. (1971): Wachstumstheorie, Göttingen.

Spahn, H.-P. (1996): Makroökonomie. Theoretische Grundlagen und stabilitätspolitische Strategien, Berlin, Heidelberg, New York u.a.

Steinmann, G. (1979): Inflationstheorie, Paderborn.

Stobbe, A. (1987): Volkswirtschaftslehre III. Makroökonomik, 2. Aufl., Berlin, Heidelberg, New York u.a.

Straubhaar, T. (1995): Migrationstheorie. In: Berthold, N. (Hrsg.): Allgemeine Wirtschaftstheorie, München.

Thieme, H.-J. (1995): Geldtheorie. In: Berthold, N. (Hrsg.): Allgemeine Wirtschaftstheorie, München.

Vogt, W. (1968): Theorie wirtschaftlichen Wachstums, Berlin.

Wagner, H. (1989): Stabilisierungspolitik, 2. Aufl., München, Wien.

Westphal, U. (1994): Makroökonomik. Theorie, Empirie und Politikanalyse, 2. Auflage, Berlin, Heidelberg, New York u.a.

Willms, M. (1995): Internationale Währungspolitik, 2. Aufl., München.

Willms, M. (1995): Währung. In: Vahlens Kompendium der Wirtschaftstheorie und Wirtschaftspolitik, Bd. 1, 6. Aufl., München.

Wohltmann, H.-W. (1994): Grundzüge der makroökonomischen Theorie, München, Wien.

Personen- und Sachregister

Dieses Register bezieht sich auf die im Text genannten Personen und Sachbegriffe. Das Literaturverzeichnis ist hier nicht berücksichtigt.

Absorption 139
AD-, AS-Funktion 108; 111; 114
Aggregation 10; 56; 69
Aktivitätsanalyse 33
Akzelerationsprinzip 93
Analyse
   dynamische - 8
   komparativ-statische - 8
   statische - 8
   -zeiträume 10; 110; 125
Anpassungsprozeß 9; 73; 96; 110; 128
Arbeits-
   -angebot 27; 70
   -losigkeit 73; 90; 96; 115; 124;
      128; 150
   -losigkeit, klassische 121
   -losigkeit, natürliche 111; 116; 118
   -losigkeit, Such- 116
   -nachfrage 72
Arbitrage 143
Außenbeitrag 139

Basisaktivität 34
Bertrand 67
Bestandsgrößen 10
Budgetrestriktion 13; 15; 28

Cambridge-Geldnachfragefunktion 84
Ceteris paribus 2
Clower, R. 31
Cobb, C.W. 75; 135
Cobb-Douglas-Produktionsfunktion
   75; 135
contestable market 62
Cournot, A. 60; 66

Debreu, G. 22
deflatorische Lücke 95
Deport 144
Devisen 142
Dichotomie 80
Domar, E. 131
Douglas, P.H. 75; 135

Edgeworth, F.Y. 14
Effizienzkriterium 35; 49
Einkommen
   absolutes - 92
   Basis- 92
   permanentes - 125
Einkommenseffekt 22
Elastizität 19; 75
endogen 6
Engel-Kurven 18
Ersparnis 76; 86; 100
Erwartungen 112; 117; 128; 143; 145
exogen 7
Expansionsweg 46

Faktorvariation
   partielle - 41
   proportionale - 38
Falsifikation 3
Fisher, I. 85
Fishersche Verkehrsgleichung 86
Fiskalpolitik 105; 123; 124; 151
Fleming, J.M. 146
Freihandel 152
Friedman, M. 124
fundamentales psychologisches Gesetz
   92

Geld
-angebot 81; 148
-funktionen 80
Geschäftsbankengiral- 81
-haltung aus dem
    Spekulationsmotiv 90; 98
-haltung aus dem
    Transaktionsmotiv 83; 90; 98
-haltung aus dem Vorsichtsmotiv
    98
-illusion 18; 70; 118
-multiplikator 81
-nachfrage 83; 126; 148
Neutralität der -politik 128
Neutralität des - 80; 85
-politik 105; 124; 128; 151
Gesetze, ökonomische
- der Unterschiedslosigkeit der
    Preise 55
- vom abnehmenden Grenznutzen
    24
- von Walras 88
fundamentales psychologisches -
    92
Gossensche - 25; 26
Gewinnmaximierung 49; 60
Giffen, R. 20
Giffen-Güter 20
Gleichgewicht 6
- auf dem Arbeitsmarkt 73; 91
- auf dem Bondsmarkt 86; 100
- auf dem Devisenmarkt 142; 148
- auf dem Geldmarkt 84; 100; 103;
    148
- auf dem Gütermarkt 78; 94; 97;
    102; 108; 147
- bei Unterbeschäftigung 95; 106;
    119; 121
- bei vollkommenem Wettbewerb
    57
Bertrand-Nash- 67
Cournot-Nash- 67
einkommenstheoretisches - 95;
    102

Existenz, Eindeutigkeit, Stabilität
    8; 57
Mengen- 119
Portfolio- 127
Preis- 119
simultanes - 104; 108
Ungleichgewicht 7; 9
Wachstums- 131; 135
Gossen, H.H. 23; 25
Gesetz vom abnehmenden
    Grenznutzen 24
Gossensche Gesetze 25; 26
Grenz-
-erlös 50
-kosten 49
-nutzen 24
-nutzenschule 58
-produkt 40; 42
-produktivität 52
-produktivitätstheorie 52
-rate der Substitution 26; 38; 41;
    45
Gutenberg, E. 64
Güter 54
-allokation 5
-angebot 75; 111
-klassifikation 21
-nachfrage 76; 91; 111

Handelshemmnisse 152
Harrod, R. 131
Heckscher, E. 152
Heckscher-Ohlin-Ansatz 152
Hicks, J.R. 104
Homogenität 19; 38

Indifferenzkurve 14; 25
Inflation 115; 117; 124; 128
inflatorische Lücke 95
Informationen 113; 145
Inländerprodukt 139
Inlandsprodukt 139
Investitionen 76; 86; 92; 100; 122;
    131
Investitionsfalle 106

Isokostengerade 44
Isoquante 36; 41
IS-Funktion 102; 104
IS-LM-Diagramm 104
ISXM-Funktion 147

Jevons, W.St. 23

Kassenhaltungskoeffizient 83; 126
Keynes, J.M. 84; 89; 104; 119
Knappheit 5
Konsumentenrente 63
Konsumquote, marginale 91; 97; 126
Koopmanns, T.C. 33
Kosten 43
  -minimierung 43
  komparative -vorteile 152
  Opportunitäts- 5; 152

Lagrange-Funktion 44
Leijonhufvud, A. 31
lineare Technologie 35
Linearkombination 35
Liquiditäts-
  -falle 99; 105
  -präferenzfunktion 99
  -quote 81
LM-Funktion 103; 104; 148
Lucas, R. 114; 137
Lucas-Angebotsfunktion 114

Markt 54
  bestreitbarer - 62
  Devisen- 142; 148
  -formen 55
  unvollkommener internationaler
    Finanz- 145
  vollkommener internationaler
    Finanz- 144
  vollkommener - 55
  -wirtschaft 54
  -zugangsbarrieren 62
Marshall, A. 23; 58; 84; 120
Mengenanpasser 49; 56
Menger, C. 23

Minimalkostenkombination 45
monetäre Basis 81; 127
Multiplikatorprozeß 96; 121
Mundell, R. 146; 149
Mundell-Fleming-Modell 146

Nachfragefunktion 17
Nachfragelücke 95
NAIRU 116
Nash, J.F. 67
Neoklassische Synthese 110
Neoquantitätstheorie 126
Neumann, J.v. 33
Nutzen 22
  Gesetz vom abnehmenden Grenz-
    24
  Grenz- 24
  -maximierung 23; 125
  -messung 23

Offenmarktpolitik 127
Ohlin, B. 152

Parametrische Interdependenz 55
Phillips, A.W. 115
Phillips-Kurve 115
Pigou, A.C. 84
policy mix 151
Portfolio 127
potentielle Konkurrenz 62
Präferenzen 13; 22; 29
Preis
  -Absatz-Funktion 60; 64
  -änderungen 16
  -differenzierung 63
  -flexibilität 89; 111; 134
  -gleichgewicht 119
  Höchst- 59
  -mechanismus 57
  Mindest- 59
  -starrheit 89; 112; 119; 131; 146
  -untergrenze 51
Prinzip
  Akzelerations- 93
  ökonomisches - 5

Produktion 32
  Einheitsniveau 34
  -sfaktoren 32
  -sfunktion 38; 75
  -skoeffizient 33
  -spotential 130
Produzentenrente 63

Quantitätsgleichung 86

rationales Handeln 5
Rationierung 59
Reaktionskoeffizienten 66
Report 144
Ricardo, D. 152
Risiko-
  -aversion 145
  -neutralität 144
Rivalität 55
Romer, P. 137

Say, J.B. 79
Saysches Theorem 79; 89
Schocks
  Angebots- 129
  technologische - 123
Schwarzmärkte 60
Skalenerträge 40; 46
Smith, A. 58; 152
Solow, R.M. 134
Sorten 142
Sozialprodukt 139
Sparquote, marginale 92
Spekulation 143
Spill-over-Effekt 119
steady state 131
Stromgrößen 10
Substitutionseffekt 22; 30
Swapsatz 144

tâtonnement 57; 120
Technischer Fortschritt 135

arbeitsparender - 133
arbeitsvermehrender - 135
endogener - 137
Transaktionskasse 80; 81
Transmissionsmechanismus 127

Umlaufsgeschwindigkeit des Geldes
  85; 128
Unsicherheit 122; 143
Unternehmung 31
Utilitarismus 23

Vollbeschäftigung 73; 111

Wachstum 130
  befriedigende -srate 132
  endogenes - 137; 152
  Harrod-Domar-Ansatz 131
  natürliche -srate 133; 135
  -sgleichgewicht 131; 135
  Solow-Ansatz 134
Währungsreserven 142; 148
Walras, L. 23; 57
Wechselkurs 142
  Finanzmarktansatz der -
    bestimmung 145
  Kassa- 144
  realer - 146
  Termin- 144
Weltwirtschaftskrise 89
Wettbewerb 55; 56
Windhundprinzip 59
Wirtschaftssubjekte 54

Zahlungsbilanz, Teilbilanzen 141
Z-Funktion 149
Zinsarbitrage 143
Zinsparität
  gesicherte - 144
  ungedeckte - 145
Zölle 152